아이들은 왜 그림을 그릴까

# 아이들은 왜 그림을 그릴까

그림으로 읽는 아이들 세계

메릴린 JS 굿맨 지음 | 정세운 옮김

책과함께 어린이

일러두기

◆ 이 책은 Marilyn JS Goodman의 Children Draw: A Guide to Why, When and How Children Make Art(Reaktion Books, 2018)를 완역한 것이다.
◆ 각주는 옮긴이가 작성한 것이며 괄호 안 설명은 저자가 붙였다.
◆ 본문의 제목들은 독자의 편의를 돕기 위해 원문에 없는 내용을 추가하였음을 밝혀둔다.

만 5세 넬리의 작품, '걸어다니는 딸기'.
어른 딸기가 아이 딸기를 이끌어주는 행복하고 안전한 관계를 묘사했다.

차례 ————————————————————————————————

## 어떻게 그리는가

우리는 아이의 그림에서 무엇을 보는가

부모와 교사를 비롯한 어른들은 아이들의 그림을 바라보며 기쁘고 즐거워한다. 한편으로 아이들은 왜, 언제 그림을 그리는지, 도대체 왜 그런 식으로 그리는지 궁금해한다. 예를 들면 어린아이들이 왜 그토록 낙서를 좋아하는지, 다섯 살배기 아이가 페이지 여기저기에 흩뿌리듯 그림을 그리는 이유는 무엇인지 말이다. 아이들은 왜 뾰족한 지붕과 십자 모양 창틀을 그려 집을 표현할까? 그리고 빛을 곧게 내뿜는 노란 해를 그려 넣은 이유는 무엇일까? 열 살짜리 아이가 다른 것들은 제쳐두고 오로지 만화책이나 패션 잡지만 베껴 그리는 이유는 또 무어란 말인가? 이 책은 이런 질문을 품어 온 부모와 교사를 위해 썼다.

그림으로 자신을 표현하는 일은 만 2~12세 아이들에게 매우 큰 영향력을 발휘한다. 아이들은 그림을 시각언어로 활용한다. 아이가 성장하며 그림을 언어로 활용하는 능력도 점차 진화한다. 그림을 보면 아이가 무엇을 좋아하고 싫어하는지, 무엇을 두려워하고 원하는지 엿볼 수 있다. 그림에는 다른 무엇보다도 아이가 가치 있게 여기는 것, 이해했거나 성취한 바가 드러나 있다.

아이에게 그림이란, 온 마음과 힘을 다하여 자신을 둘러싼 환경을 묘사한 결과물이다. 아이는 자신이 처한 환경에 대해 무언가 말하고, 매우 뜻깊은 방식으로 그 이야기를 전하고자 한다. 아이의 그림에는 바로 그 순간 아이가 보고, 생각하고, 느끼는 바가 드러난다. 그래서 그림을 그리는 모습을 지켜보는 것만으로도 아이에 대해 더 많은 것을 알아낼 수 있으니, 이 얼마나 다행인가!

아이들은 보통 만 2세쯤부터 직감적으로 여러 문양을 남기기 시작한다. 처음에는 그저 종이에 크레용을 놀리거나 쿡쿡 찌르는 느낌 자체를 즐긴다. 곧 그런 움직임이 자신이 만들어낸 문양과 관계가 있다는 사실을 깨닫는다. 그러다 보면 선은 모양이 되고, 여러 모양이 모여 패턴을 이룬다. 이제 아이의 낙서는 현실 세계의 무언가를 꼭 빼닮아서 이름을 붙여도 될 정도가 된다. 그 과정에서 그림은, 아이에게 선과 형태로 이루어진 자기만의 단어이자 자신을 표현하는 방법으로 자리 잡는다.

그런데 아이들은 대개 조금 자라고 나면, 자기표현으로서 그림 그리기에 흥미를 잃곤 한다. 그 대신 글쓰기, 언어 표현, 스포츠, 게임과 같은 사회적 활동에 눈을 돌린다. 오늘날에는 대체로 온라인상의 커뮤니케이션이 그 주를 이룬다. 더불어, 이 시기 아이들은 그림을 최대한 실물에 가깝게 그리려 애쓴다. 사춘기에 들어 그림 그리기에 다시금 관심을 쏟는 아이는 한정되어 있는데, 재능이 있거나 동기부여가 된 경우로 추정된다.

## 아이들은 그림을 그리며 자라난다

아이들에게 이러한 창작 활동이 중요한 이유는 무엇일까? 아이들은 그림을 그리며 정말 많은 것을 배우기 때문이다. 예술은 아이가 성장하고 발달하는 데 반드시 필요한 요소다. 예술의 힘을 빌면, 아이는 주도적으로 무언가를 발견하고 실험하고 배워나갈 수 있다. 어떤 모양을 그리려면 크레용에 어느 정도 힘을 주어야 하는지와 같은 작은 깨달음일지라도 아이에겐 그 또한 배움인 것이다.

아이들은 특히 다양한 도구로 그림을 그릴 때 자신과 주변을 둘러싼 환경을 어떻게 바라보고 있는지 스스로 깨닫는다. 그림을 그리며 생각과 경험에 형태를 부여하고 문제를 해결할 힘을 기르는 동시에, 창의성과 비판적 사고 능력을 계발한다. 더불어 자신만의 개성을 표현하며 다른 이들에게 자신의 세계를 선보인다. 이를 통해 아이들은 긍정적인 자아상을 세우고, 행복하고 안정적이며 두려움 없는 인간으로 성장할 수 있다. 믿기 어렵다면 기억을 되살려보자. 그 옛날, 유치원이나 어린이집에서 창의력을 마음껏 발휘해 자신을 표현하며 얼마나 큰 행복을 느꼈던가.

이 책을 쓰기 위해 자료를 수집하면서 여러 부모, 교사들과 이야기를 나누었다. 나는 그분들에게 아이들의 그림을 선보이게 해달라고 부탁했다. 내가 연구하려는 만 2~12세 아이를 둔 부모는 물론, 감사하게도 자녀의 어릴 적 그림을 간직해둔 분들도 만날 수 있었다. 자녀가 청소년기에 접어들었거나 이미 화가나 엔지니어, 건축가로 자라난 경우도 있었다.

더불어 자녀들이 어릴 적 그림을 그리던 시절에 대한 몇 가지 정보를 얻기도 했다. 가장 놀라운 사실은, 수많은 부모들이 아이들에게 학교에서만 그림을 그리게 했다는 것이었다. 집에서 그림을 그리도록 장려하지 않으면, 아이는 그 의도를 사실과 다르게 받아들이기 쉽다. 마치 '우리는 네가 무엇을 중요하게 생각하든 신경 쓰지 않아, 네가 무엇을 표현하고자 하는지 무슨 생각을 하고 있는지 관심 없으니까' 같은 메시지를 주는 것과 같기 때문이다.

오늘날 유치원에서는 미술 활동을 할 수 있는 여건이 마련돼 있지만, 초등학교부터는 그 기회가 누구에게나 주어지지는 않는다. 다행히 영국에서는 미술이 여전히 초등학교 통합 교과 과정에 속하나, 한쪽에서는 미술을 다른 과목에 비해 불필요한 '장식품'처럼 취급하는 추세다. 안타깝게도 미국에서는 미술 교과를 따로 마련해둔 초등학교가 눈에 띄게 줄었다고 한다. 예산이 부족한 탓도 있으나, 미국의 지나친 성적 평준화가 낳은 부작용이기도 하다.[*] 따라서 부모와 교사는 학교교육이 충족시키지 못하는 부분들을 보충하고 힘써 지원하여, 아이들의 성장과 발달을 도와야 할 것이다.

**미술을 통해 아이가 행복하게 자라길 원하는 부모와 교사를 위하여**

이 책에 실린 모든 그림들은 다양한 연령대 아이들이 여러 가지 도구로 직접 그린 것이다. 오늘날 어린이용 그림 도구는 전에 비해 다양해졌으며 심지어 가장 소박한 재료로 꼽히는 크레용마저도 단순히 색을 입힌 왁스에서 탈피해 다채로운 형태로 거듭났다. 물감을 사용하는 경우도 많다. 전문 화가들과

---

[*] 한국에서도 예체능 교과를 사교육에 상당 부분 의존하고 있으며, 그 비중도 계속 늘고 있다.

달리 아이들은 회화 기법을 익힌 적이 없기에, 대개 물감을 '다양한 빛깔을 띤 물'로 '스케치'하는 데 사용한다. 때론 널찍한 종이를 꽉 채우자면 얇디얇은 크레용이나 사인펜보다 물감이 수월하기 때문이기도 하다. 그래서 이 책에는 물감으로 그린 그림들도 몇 점 실었다.

이 책은 세 부분으로 나뉘어 있다. 아이의 그림에 대해 더 많은 것을 알고 싶은 부모와 교사를 위한 책으로, 아이들에게 그림을 가르치는 법은 실려 있지 않다. 미술 수업의 단계별 진행 방법 따위도 다루지 않았다. 그 대신, 만 2~12세 아이들이 그린 그림 속 의미를 읽어내는 데 필요한 정보를 압축적으로 담았다. 또한 아이가 자라며 겪는 신체 · 정서 · 지능 등의 변화와 함께, 그림이 어떻게 발달하는지 소개했다.

첫 번째 장, '왜 그리는가'에서는 아이들의 그림을 해독하는 방법을 다룬다. 이 장에서 가장 중요시하는 것은 아이들에겐 그림을 그리고자 하는 본능적인 충동이 있다는 점과, 그림 그리기가 아이들의 전반적인 발달에 크나큰 영향을 미친다는 사실이다. 그리고 아이의 그림을 예술 작품으로 취급하는 것이 옳은지와, 아이들의 그림은 어디서 비롯되며 때로 폭력적인 장면을 묘사하는 이유는 무엇인지 다룬다. 더불어 '어린이 그림 연구의 역사'를 간략히 정리했다.

두 번째 장, '언제 그리는가'에서는 부모가 알아야 할 '아동 미술 발달 단계'를 소개한다. 각 단계별로 아이들은 무엇을, 어떤 방식으로 그려내는지 풀었다.

세 번째 장, '어떻게 그리는가'에서는 자녀가 집에서 그림을 그리도록 장려하는 법을 귀띔한다. 그림을 그릴 수 있도록 장소와 재료를 마련해주는 방안은 물론, 어떤 태도로 아이를 어떻게 격려하면 좋을지 전한다. 또한 아이들의 그림으로 전시회나 미술 대회를 열 때 주의 사항과, 색칠 놀이책와 베껴 그리기 같은 활동의 문제점, 그리고 어린이용 그림 애플리케이션과 각종 전자기기를 대하는 태도를 논한다. 마지막으로, 부모와 자녀 모두가 미술 전시회에서 더욱 뜻깊고도 즐거운 시간을 보내기 위한 여러 방안을 제안한다.

자녀에게 새로운 예술적 경험을 선사하고 그에 대해 대화를 나눔으로써 상상력과 창의성을 북돋아줄 수 있다. 아이는 그런 경험을 통해 성장하고 지식을 쌓아나간다. 나아가 오감을 총동원해 자신을 둘러싼 세계를 바라보고 그 세계를 향유하기에 이를 것이다.

# 왜 그리는가

모든 아이는 예술가입니다.
문제는 그 아이가 자라서도
예술가로 남느냐지요.

Every child is an artist.
The problem is how to remain
an artist once you grow up.

— 파블로 피카소 Pablo Picasso

# 1

# 아이들에게 그림이란 무엇인가

아이들에게는 무엇인가 창조하려는 본능이 있다. 그래서 시키지 않아도 자연스럽고도 직관적으로 흔적을 남기며, 그림을 그리려는 강한 충동을 키워간다. 이때 부모와 교사가 해야 할 일은 나이에 맞는 도구와 종이, 적절한 장소(어른이 지속적으로 관찰할 수 있는 곳이 좋다)를 마련하여 이 충동에 기름 붓는 것이다.

어린아이들은 생애 처음으로 종이에 휘갈긴 흔적을 남겼다는 사실에 매우 기뻐한다. 비록 말할 수 있는 단어들이 제한돼 있더라도, 말문이 트인 순간 성취감을 느끼는 것과 비슷하다. 이르면 18개월 만에 낙서를 시작하기도 한다. 18개월이면 운동신경, 언어와 소통 능력, 사교 능력과 감정, 생각과 학습 능력(인지기능)을 비롯한 여러 분야가 고루 발달한다. 대부분 아이들에게 그림 그리기란 모험이자 학습인 것이다.

무엇보다 중요한 사실은, 아이들이 그림으로 느낌과 감정을 표현한다는 것이다. 조금 더 자라면 그림을 통해 자신을 둘러싼 세상을 파악하고 그로부터 어떤 감정을 느끼는지 깨닫는다. 나아가 다양한 상징과 표현을 시도하고 발전시킨다. 램버트 브리튼W. Lambert Brittain은 '예술 활동은 아이들의 내적 자아를 드러내줄 뿐 아니라, 내적 자아 형성에도 도움을 준다'라고 말한 바 있다.

유아는 오감과 신체 활동으로 자신을 둘러싼 환경을 경험하고 배워나간다. 예술 활동, 그중에서도 그림을 그리고 색칠하며 유아는 그동안 체험한 감각을 활용하고 이를 세밀하게 가다듬는다. 그 과정에서 그림을 그릴 때 느껴지는 신체적 감각은 물론이고 붓과 크레용, 거친 종이를 다루는 느낌도 매우 즐겁게 받아들인다.

특히 말할 수 있는 단어가 제한된 유아들에게, 그림이란 만국 공용어이자 가치, 지식, 생각과 느낌을 전달하는 효과적인 수단이다. 그림을 그리는 동안 언어 능력이 발달하고, 시각언어가 개발된다. 시각언어로 표현하는 활동은 훗날 읽고 쓰는 능력을 기르는 데에도 도움을 준다.

휘갈기듯 낙서를 거듭하다 보면 아이는 문득 자신이 그린 상징이 현실 세계의 무언가와 닮았다는 것을 깨닫는다. 얼마 지나지 않아 자신이 그린 원의 형태가 엄마나 아빠, 혹은 우리 집 고양이 등 자신이 정한 무언가를 나타낸다고 주장할 것이다. 그렇게 시간이 지날수록 낙서는 점차 눈의 형태를 갖추고 머리는 얼굴 형태로, 원에서 뻗어 나온 나뭇가지 같은 선들은 팔다리 형태로 변해간다. 어린아이들이 대부분 그리는 기본 원의 형태는 그들에게 매우 유용한 상징이다. 마음 가는 대로 이름을 붙이기만 하면 그 사물이라 주장할 수 있기 때문이다. 게다가 마음이 변하면 언제고 다른 이름을 붙이면 그만이다.

어린아이에게 그림 그리기란 시간 가는 줄 모르게 하는 창의적이며 흥미진진한 활동이다. 그림을 그리며 날로 늘어가는 지식을 활용할 수 있으며 새로운 발견이나 경험을 그림에 반영할 수 있다. 그림은 아이가 자라는 동안 변하는 느낌, 생각, 욕구, 감정이 담긴 언어다. 그림을 그리며 아이는 생각에 형태를 부여한다.

아울러 그림은 긍정적인 자아상을 세우고, 아이가 자신을 어떤 식으로 인지하는지 엿볼 수 있게 한다. 아이는 그림을 그리며 인간관계를 규명하는 법을 깨닫고 이후 생애 큰 도움이 될 문제해결 능력과 비판적 사고력을 기를 수 있다.

# 2

# 그림에 나타난 아이의 성장

미술교육학자 로웬펠드Viktor Lowenfeld의 핵심 개념 중 하나는, 그리기와 색칠하기가 그 순간 아이의 '모든 것'을 의미한다는 것이다. 로웬펠드가 말하기를, 모든 그림에는 아이의 감성, 지적 능력, 창의성과 미적 감각이 담겨 있다. 그림을 보면 아이의 신체 발달과 지각 발달, 사회성 발달 정도도 알 수 있다. 아이가 발달하고 변화할 때마다 아이의 그림도 변한다. 그러므로 그림이 변한다는 것은 곧 아이가 성장한다는 뜻이다.

### 감성

아이는 그림으로 사람이나 물건에 대한 감정을 드러낼 뿐만 아니라, 그리는 동안에도 변화하는 감정을 표출한다. 따라서 그림을 그리면 감성 발달에 도움이 된다. 그림은 아이에게 문제를 해결하고, 감정에 형태를 부여하는 수단이 된다. 아이는 그림을 그리며 두려움에 맞설 수도 있다. 두려움을 종이로 옮겨 누그러뜨리는 것이다.

그림은 아이들이 표현하는 데 서툰 사랑과 행복 같은 감정을 전달하는 매개가 된다. 아이가 그림 속 모습과 스스로를 얼마나 동일시하느냐는 전적으

만 7~8세인 산티아고는 이 그림을 이렇게 설명했다.
"파트리시오와 나는 형제예요. 우리는 닮았지만 다른 점도 있어요.
우리 둘 다 어린아이고 남자이며, 스노우보드 타는 것을 좋아해요."
그림 속 두 사람은 옷을 비롯해 비슷한 형태를 띠고 있으나, 형제의 관계나
핫도그 가판대에 대해서는 별다른 설명이 없다.

로 감정의 농도에 달려 있다. 아이가 그림에 자신을 그려 넣은 경우, 집중력이 높아져 감정이 발달할 가능성이 크다. 융 학파 심리학자인 그레그 퍼스 Gregg M. Furth 는 아이들의 내면과 외부 세계가 때로는 중첩되기에, 아이들은 그림을 그리며 놀이를 즐기는 동시에 현실 세계에서 탈출할 수 있다고 했다.

## 지적 능력

아이는 그림을 그리며 주위 환경을 더욱 잘 알아가는데, 그 과정에서 지적 능력이 발달한다. 아이가 자신을 둘러싼 환경을 얼마나 많이 알고 있는지 살핌으로써 지적 발달 정도를 가늠할 수 있다. 나아가 주위 환경을 이루는 요소들을 어떻게 그려내는지 보면 아이에 대해 더 많은 것을 알 수 있다.

자세히 묘사된 그림을 그렸다면 주위 환경을 전보다 더 확실히 인지하고 있다는 것이다. 예를 들어, 셔츠 단추 수나 나뭇가지를 전보다 더 많이 그리는 등, 아이가 더 자세한 것까지 파악했다면 지적 수준이 높아졌다는 증거다. 실제로 몇몇 연구자들은 적어도 태어나서 만 10세까지, 아이들의 예술적 수준과 지적 발달 수준이 동일 선상에 놓인다고 주장했다.

←

만 8세~9세인 미케일라가 그린 '엄마랑 나랑 일몰을 바라보는 중'.
색깔, 자세, 엄마의 팔이 딸을 감싸고 있는 모습 등, 각 요소가 모녀의 사랑과
끈끈한 유대감을 드러내고 있다.

**신체**

그림을 그리며 도드라지게 발달하는 것은 신체이다. 신체 발달의 지표로는 운동기능의 발달을 꼽을 수 있다. 운동기능에는 크레용을 잡는 능력이나 그림이 종이 밖으로 넘어가지 않도록 그리는 능력, 그리고 낙서에서 한발 나아가 기본적인 형태를 그리고, 예전보다 더욱 다양한 것들을 그려내는 능력 등이 해당된다. 아이가 그림에 얼마나 세세한 부분까지 살리는지 살펴보면 신체 발달 정도를 가늠할 수 있다. 더불어 아이들은 점차 자기 몸을 자각하게 되므로 신체 동작과 기능을 묘사하는 능력 또한 발달한다.

**지각 능력**

지각은 감각기관을 통해 들어온 정보를 해석하는 과정으로, 지각 능력에 따라 그림에 지각 경험을 활용하는 정도가 달라진다. 지각 발달 정도를 그림을 통해 엿볼 수 있다. 주변 환경을 얼마나 인지하고 있는지, 색깔이나 형태를 전보다 얼마나 다양하게 사용하는지 살피면 이를 가늠할 수 있다. 특히 물리적 공간을 인식하고 묘사하는 수준에서 그 발달 정도가 잘 드러난다.

⎯⎯⎯→

만 6∼9세인 줄리언이 그린 '엄마와 나'.
두 사람의 자세와 코에 그려 넣은 독특한 상징을 눈여겨보라. 엄마가 한 팔로 부드럽게 아들을 감싸고 있으며 아들도 엄마에게 팔을 뻗고 있다.

다양한 요소로 지면을 꽉 채워 런던을 묘사했다.
자세한 묘사와 날카로운 관찰력이 돋보인다. 만 5세 데이비드의 작품.

───────→

1970년대 작품. 당시 만 8~9세였던 줄리엣의 그림으로,
여자아이가 줄넘기를 하고 있다. 보도블록과 집을 묘사한 것(문고리와 텔레비전 안테나를
그려 넣었다)에 주목하자. 줄을 뛰어넘기 위해 무릎을 구부린 자세도 표현했다.

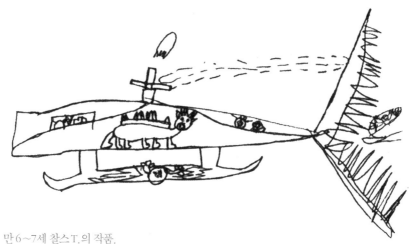

만 6~7세 찰스 T.의 작품.
부러진 프로펠러를 달고 하늘을 나는 기계를 상상했다. 기계 안에는 용을 그려 넣었다.

상상 속의 주황색 개, '팝시클'. 물방울무늬로 장식했다.
만 5~6세인 넬리의 작품.

## 사회성

그림에는 사회성 발달 정도도 드러난다. 아이가 자신의 경험을 자각하고, 다른 사람의 경험을 자신과 동일시하는 능력이 얼마나 발달했는지 그림을 통해 엿볼 수 있다. 아이의 그림에서 알아볼 수 있는 형태를 처음 발견한다면, 십중팔구 인간의 형상일 것이다. 아이는 자라날수록 사람들을 전보다 더 자세히 관찰하고, 사람들의 관계를 그림 속에 담아낸다. 시간이 지날수록 확대되는 아이의 사회 활동 또한 그림에 반영된다. 로웬펠드에 따르면, 아이의 그림은 곧 '현실 속에서 다른 사람과 부대끼며 형성되는 자아상' 그 자체다. 아이가 주변을 묘사한 그림에는 점차 발전하는 사회의식social consciousness 과 더 큰 세계에 대한 지각 수준이 드러난다.

나아가 그림을 그리며 다른 사람들과 협력하는 법을 배울 때, 아이는 중요한 사회성을 익힌다. 고작 크레용 세트를 맞은편에 앉은 아이와 공유하는 정도에 그치더라도 말이다. 좀 더 성장한 아이라면 다른 시대나 다른 문화권에서 제작된 예술 작품을 통해 지식을 넓히고 타인에 대한 이해심을 기를 수 있다.

## 미적 감각

그림을 그리며 미적 감각은 자연스레 발달한다. 아이가 그림 속에서 각 요소들을 어떻게 배치했는지 살핌으로써 미적 감각이 얼마나 발달했는지 알 수 있다. 선, 형태, 색깔, 질감 같은 미적 요소를 전보다 더 복잡하게 표현했다면, 미적 감각이 성장했다는 증거이다.

유아들은 그림의 구성 요소들을 직관적으로 배치하는 듯하다. 반면, 아이가 성장할수록 그림 속 각 요소들은 더욱 조화를 이룰 것이다. 사춘기에 들어서면 자기 작품이 어떻게 보일지 더욱 신경 쓰게 되므로 구성에 심혈을 기울이려 한다.

### 창의성

창의성 발달이 명확히 드러나는 순간은, 아이가 맨 처음 크레용을 쥐고 종이 위에 낙서를 시작하는 때이다. 아이는 다채로운 재료를 다루며 여러 가지 색, 선, 형태, 모양, 촉감, 디자인을 탐구해나간다. 이 과정에서 자신만의 시각적 상징을 개발하는 능력과, 상상을 종이 위에 옮기는 능력이 함께 발달한다.

　　그림 그리기는 궁극적으로 창의성 발달을 촉진한다. 그림을 그리는 값진 경험을 통해 아이는 상상력을 발휘하여 공상에 형체를 부여하고, 자유롭고도 있는 그대로 자신을 표현할 수 있기 때문이다.

풍부한 상상력이 돋보이는 '슈퍼 고양이'.
흥미로운 색과 줄무늬로 장식했다. 분홍색 눈에, 머리는 거의 사람처럼 생긴
고양이는 상상 속의 정원을 걸어가고 있다.
만 7세 올리버 K.가 사인펜으로 매우 공들여 그려낸 작품.

외계인이 '포'라는 베트남 쌀국수가 담긴 그릇을 들고 있다.
외계인의 눈은 툭 튀어나와 있고 무기를 들었으며, 발에는 전류가 흐른다.
만 6세~7세 민이 칠판에 물분필로 그린 상상화.

# 3

# 그림에 나타난 아이의 생각

아이는 어른과는 다른 시각으로 예술 작품을 바라본다. 나이가 어릴수록 '벽면에 전시된 누군가의 그림'을 예술 작품이라 여기는 경우가 드물다. 아이에게는 자신이 창조한 무언가가 바로 예술인 법이다.

아이들에게 그림은 표현의 수단이다. 그림이 가치 있는 이유는 그림을 그리는 과정 덕분이지 그림 자체가 아니다. 어른은 아이의 그림에서 순수한 매력을 발견하거나 예술적 재능을 엿보곤 한다. 그러나 아이의 그림을 어른의 미적 잣대로 평가해서는 안 된다. 아이의 그림은 어른 눈에 보이는 그 자체가 아니기 때문이다. 그림은 아이가 이 세상을 어떻게 바라보고, 세상에 어떤 감정을 품고 있는지 드러내는 시각적 표현 방식이다. 알고 보면 성인 예술가도 어느 정도는 작품에 자신의 일부분을 담아내기 마련이다.

부모는 아이의 그림을 어른 작품을 평가하듯 바라봐서는 안 된다. 아이가 그림을 그린 의도를 파악해야지, 완성된 그림 자체를 품평해서는 곤란하다. 어른이 아이에게 그림을 '잘 그렸다'고 할 때, 아이는 그 말을 미적으로 우수하다는 뜻으로 생각하지 않는다. 그저 자신이 전하고자 한 바를 어른이 이해했다고 여길 뿐이다. 같은 맥락에서, 모든 부모와 교사가 아동심리학자나 미

풀밭에 있는 행복하고 복슬복슬하며 거대한 토끼.
만 7~8세 론다의 작품.

술치료사인 것은 아니므로 아이의 그림을 분석하거나 그림에 엉뚱한 의미를 부여해서는 안 된다.

한번은 전에 맡았던 초등학교 2학년 미술 수업에서 비슷한 사례가 있었다. 일고여덟 살쯤 된 어느 남학생이 매우 슬퍼 보이는 회갈색 토끼를 그렸는데, 굉장히 긴 귀를 축 늘어뜨린 채였다. 어른들이 상상하는 귀엽고 포근한, 발랄한 토끼와는 거리가 멀어도 한참 먼 모습이었다. 같은 반 친구들이 그린 '행복한' 동물들과는 너무나 달랐다. 아이에게 무슨 일이 생긴 게 분명하다고 여긴 담임은 부모를 불러 가정에 안 좋은 일이 있는지 물었다. 알고 보니 최근 이 가정은 귀가 축 늘어진 토끼를 데려와 키우고 있었다. 아이의 그림과 꼭 닮은 토끼였다.

만 2~12세 아이들이 신체적, 정신적, 지적으로 크게 발달하듯이, 아이의 그림과 미적 감각, 취향도 큰 폭으로 변화한다. 그 예로, 아주 어린아이는 본능적으로 지면을 나무나 집, 사람, 꽃, 해, 구름 따위의 온갖 요소로 가득 채운다. 그런데 만 9~10세에 가까워질수록 각 요소를 어디에 그릴지보다 어떻게 그려야 할지 더 고심한다. 사춘기에 접어들면 자기 작품을 전보다 훨씬 더 비판적으로 바라보며, 실물과 똑같이 그릴 수 없다는 것을 깨달았기에 괴로워한다.

새로운 그림을 그릴 때마다 아이는 변화된 감정 상태를 그림 속에 담아낸다. 아이의 사회성과 미적 감각이 발달하면 그림도 따라 변한다. 신체적, 정서적, 지적 능력 그리고 주위 환경을 인지하고 이해하는 능력이 변화할 때에도 그림에 그 특성이 반영된다. 물론 아이의 발달 상황을 알 수 있는 일반적

런던 지하철을 매우 활기차게 묘사했다.
런던 지하철의 상징도 그려 넣은 만 5세 데이비드의 작품.

인 지표가 있으나, 부모는 아이마다 성장 속도가 다르며 관심사, 필요, 능력에 따라 무엇을 그릴지 결정된다는 사실을 잊지 말아야 한다. 예를 들어, 대도시에서 자란 아이는 고층 빌딩이나 다리처럼 인공적인 환경 요소를 그릴 것이다. 아이가 매일 보는 것이며 잘 알고 있는 것이기 때문이다. 이 경우 택시나 버스, 지하철, 소방차, 쓰레기차, 시멘트 트럭, 경찰차 등, 여러 교통수단에 관심이 있을 수도 있겠다. 이는 도시에 사는 아이가 아니라면 접하기 어려운 것들이다.

공원 근처의 주택이나 정원이 딸린 집에서 사는 아이라면 다종다양한 나무와 잎, 곤충, 꽃을 그릴 것이다. 다른 지역에서 사는 아이들보다 자연과 더 가까이 지내기 때문이다. 동물원에 자주 가거나 반려동물을 매우 아끼는 아이라면 동물을 그리기를 좋아할 것이다. 무엇보다 중요한 것은, 환경이 어떠하든 아이는 흥미를 느끼는 대상을 그린다는 것이다. 그 대상은 아이 삶 속에 있는 것일 수도 있고, 아이에게 영감을 준 것이라면 무엇이든 될 수 있다. 대개 어린아이들은 무언가 관찰하여 그리는 것을 좋아하지 않는 데다 그럴 기회도 부족하다. 어릴수록 참을성이 부족하므로 직접 사물을 보고 그리기란 어려운 일이다. 그 대신 자신이 중요히 여기는 그림이나 사진을 마음 깊이 새겨두는 경우가 많다.

따뜻한 기후에서 자라는 아이는 눈이나 순록, 겨울 스포츠를 영화나 텔레비전으로 접하기 마련이다. 크리스마스 시즌이라면 모를까, 실제로 눈을 보거나 만져볼 일이 없다면 눈 쌓인 풍경은 잘 그리지 않을 것이다. 운 좋게 온 가족이 신나는 스키 여행을 떠났다면 가능할 수도 있겠다.

'고양이 봉고를 찾습니다'라는 전단지에 넣기 위해 그렸다.
연필로 심혈을 기울여 표현한 만 10세 이자벨의 작품.

——→

단순하지만 우아하게 묘사한 벚꽃 그림.
만 7세 재즐린이 실제 꽃을 보고 그렸다.

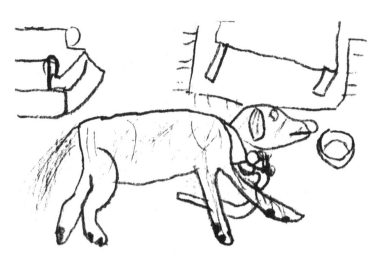

잠자는 개.
세밀한 관찰력을 발휘해 일상 속 한 장면을 그렸다.
만 9세 패트리코의 작품.

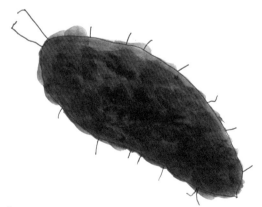

가까이서 관찰한 쥐며느리.
연필로 그린 후 색칠했다. 만 5~6세 찰리 H.의 작품.

세심히 묘사한 백합. 격자무늬로 명암을 표현했다.
만 8~9세 올라의 작품. 이처럼 훌륭한 세부 묘사를 했다는 것은
관찰력이 뛰어나고 우수한 미술교육을 받았다는 증거다.

'행복한 메뚜기'.
만 5∼6세 그레이스의 작품.
머리, 몸통, 다리, 날개, 더듬이 등, 곤충에 대한 해부학적 지식이 엿보인다.

만 6세 세바스티안 B.의 작품.
실제 달팽이를 보고 연필로 그렸다.

연필과 사인펜으로 그린 '꿀벌'.
만 8세 조슈아(발달 장애를 앓고 있다)의 작품. 날개, 더듬이, 나란히 늘어선
몸통의 줄무늬 등, 세심히 관찰한 흔적이 엿보인다.

여기서 짚고 넘어가야 할 것이 하나 있다. 부모는 아이가 그림을 그리기를 간절히 원하나, 아이의 생각은 다를 수 있다. 또래 사이에서 유행하는 것이라곤 인터넷에 사진을 올리거나 친구들과 사진을 주고받는 것일 테니 말이다. 그러니 그림 그리기가 뒤로 밀려날 수밖에. 정말 아이가 그림을 그리기를 원한다면 부모는 그리는 활동 자체만이 아니라, 아이의 그림 자체를 소중히 여긴다는 사실을 깨우쳐주어야 한다.

그림 능력은 단계적으로 발달하며 모든 아이들이 공통적으로 거치는 몇 단계가 있다. 그러나 이 발달 단계는 어느 연령대에 어떤 능력을 갖추는지 가늠하는 참고 사항일 뿐이다. 아이는 자신만의 작업 방식, 취향, 주제, 대상, 도구에 집중하곤 한다. 아이가 집중하는 그 무언가가 아이가 현재 알고 있는 유일한 것일 때가 많다. 그러나 심각한 문제나 장애가 있는 게 아니라면, 아이는 대개 곧 다른 대상으로 관심사를 넓혀간다.

반면, 다른 아이들보다 더 많은 시간을 들여 그리는 아이도 있다. 자기 기준에서 완벽해질 때까지 심혈을 기울이는 것이다. 이런 아이의 그림 능력은 어느 한 단계에서 꽤 오래 머무른다. 또한 전 단계와 다음 단계를 반복적으로 오가는 아이도 있다. 인간의 형상을 그리는 법을 깨우친 뒤에도 아무 의도 없이 마구 긁적거리는 난화scribble 단계로 되돌아가기도 한다. 분노 같은 강력한 감정을 표출하려 할 때 이런 현상이 나타난다.

아이의 현재 발달 단계와는 별개로, '그림에 아이의 성격이 드러난다'는 것이 램버트 브리튼의 견해다.

'연꽃 위에서 파리를 쫓는 벌레'. 만 5세 올리비아의 작품.
굉장한 관찰력과 구성력이 돋보인다. 그중에서도 연꽃 잎맥을 표현한 부분과
연못 위로 자라난 갈대가 인상적이다.

생태 공원에서 만난 박새를 그렸다.
만 6세 올리비아의 작품.

4

어디서 비롯된 장면일까

아이는 주변에 있는 대부분의 것들에서 그림의 영감을 얻는다. 가장 기억에 남는 내 어릴 적 작품은 만 12세 때 마지막으로 그린 것이다. 그해 나는 학교 합창단원으로서 매주 강당에 모여 연습을 했다. 졸업식 공연 연습에서 미국 국가인 〈아름다운 미국America the Beautiful〉 가사를 막 익힌 참이었고, 그 가사는 내 가슴을 뒤흔들었다.

오, 아름답구나 드넓은 하늘이,
황금빛으로 물결치는 곡식이,
열매로 가득 찬 대지 위로
보랏빛 산맥의 장엄한 모습이,

가사를 듣자 내 머릿속에 생생한 이미지가 떠올랐다. 그때껏 브루클린의 황금빛 물결을 본 적은 한 번도 없었으나, 텔레비전에서 〈오즈의 마법사〉를 보았기에 주인공 도로시의 고향 캔자스에서, 황금빛 들녘에 에워싸인 허수아비를 떠올릴 수 있었다. 애리조나 주 투손에서 본 하늘이 분홍, 파랑, 주황

크레용으로 점박이 표범과 단색 표범을 그렸다.
만 5세 세바스티안 B의 작품.

빛으로 물든 모습을 떠올렸으며 저 멀리 보이는 산맥이 다채로운 연보라 빛을 발하던 것도 기억해냈다. 그렇게 머릿속 단어들과 이미지로 나만의 '아름다운 미국'을 그렸는데, 가히 명작이라 할 만하다.

## 책 속 이야기

부모나 교사, 도서관 사서가 읽어주는 책 또한 그림의 영감이 된다. 아이는 책 속 등장인물 중 가장 좋아하는 캐릭터를 그리고 싶어 하므로, 그림책과 이야기책에서 다양한 삽화를 접하는 것도 훌륭한 동기부여가 될 수 있다.

## 영화나 텔레비전

아이들은 영화나 텔레비전 드라마에서도 영감을 받는다. 오늘날에는 인터넷으로 언제 어디서나 아이에게 적합한 영화를 찾아 감상할 수 있다. 아이나 어른이나 거대한 화면으로 감상하거나 입체영화(3D 영화)를 보면 신이 나기 마련이다. 아이들이 최신 블록버스터 영화에 열광하는 것 또한 세계적인 현상이다. 이때 부모가 꼭 염두에 두어야 할 점이 있다. 아이가 영화의 한 장면이나 등장인물을 그릴 때, 신문이나 잡지를 보고 그대로 따라 그리게 해서는 안 된다는 것이다. 상상 속에서 장면이나 캐릭터를 재구성하여 자신만의 이야기를 만들어내도록 해야 한다.

공룡에 대한 재미있는 시를 소개한 리차드 아머Richard Armour의 책,
《열두 마리 공룡A Dozen Dinosaurs》을 읽고 그렸다.
만 8~9세인 리암의 작품.

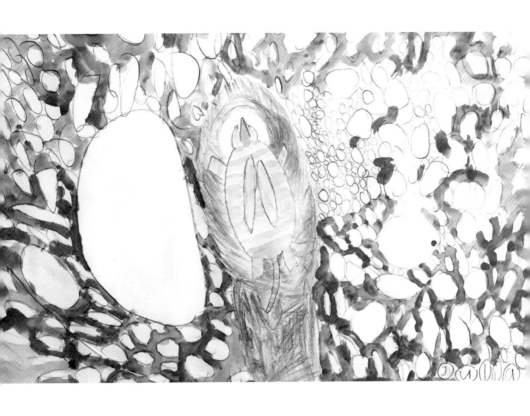

만 9~10세 줄리안의 작품.

노랗고 파란 줄무늬가 있는 용, 보리스가 구멍 속에 들어 있는 모습을 그렸다.

1951년 첫 출간된 루스 스타일스 개니트Ruth Stiles Gannett의 연작

《푸른 나라의 용The Dragons of Blueland》 3권 중 줄리안이 가장 좋아하는 장면이다.

만 7~8세인 조지의 작품.

텔레비전 드라마 〈닥터후Doctor Who〉에 등장하는 닥터와 파란 타디스를 그렸다.

네 개 면 중 두 부분을 표현하기 위해 타디스를 평면적으로

묘사하였으며 접이식 문이 열린 것을 그려 넣었다.

영화 속 고스트버스터즈가 마쉬멜로우 맨의
사냥을 저지하는 모습을 생동감 있게 표현했다.
마쉬멜로우맨이 고층 빌딩 옆에 서 있는 모습과
장비를 잘 갖춘 고스트버스터즈의 트럭을 묘사했다. 만 8세 조지의 작품.

만 5세 데이비드의 작품.
스파이더맨과 그의 또 다른 모습인 피터 파커를 그렸다.
두 캐릭터를 구분할 수 있도록 독특한 의상을 잘 살려 표현했다.

연필로 기사와 그의 말, 그리고 불을 뿜는 드래곤을 그렸다.
만 5~6세인 벤지의 작품.

**머릿속 상상**

아이들은 대개 괴물을 그리기를 좋아한다. 그래서 상상 속에서 괴상하고 우스꽝스럽고 무시무시하며 광적이고 거친 존재를 만들어 종이 위에 펼쳐낸다. 수많은 아동심리학자들은, 아이가 괴물을 그림으로써 무서운 감정을 견뎌내고 긴장을 늦출 수 있다고 밝혀왔다. 아이라면 누구나 그날 기분에 따라 자신을 천사로, 혹은 괴물로 상상한다. 물론 그저 재미로 괴물을 그려볼 때도 많다.

펜으로 펜싱용 칼을 든 괴물을 그렸다.
만 7세 보아즈의 작품.

자신을 괴물로 표현한 초상화. 만 10세 에디의 작품.

무시무시한 괴물이 날개를 활짝 편 모습을 그렸다.
만 6~7세 찰스 T.의 작품.

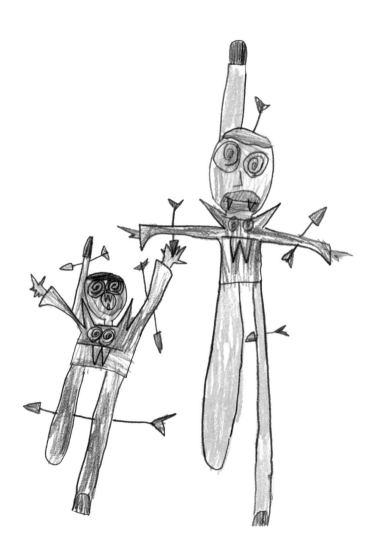

송곳니가 나 있고 눈이 소용돌이 모양인
어른 뱀파이어와 아이 뱀파이어를 연필로 그렸다.
뱀파이어들의 몸에 화살이 꽂혀 있다.
만 5~6세 벤지의 작품.

연필과 사인펜으로 돌연변이 생물을 그렸다.
만 6~7세 아일라의 작품.

# 5

# 폭력적인 장면을 그리는 아이

심리학자이자 유치원 원장이었던 로다 켈로그Rhoda Kellogg는 모든 아이들이 비슷한 미술 발달 단계를 밟아나간다고 했다. 즉, 낙서 단계에서 시작해 마침 내 어른들이 '인정'할 만한 그림에 이르는 것이다. 로다 켈로그는《유아미술 Analyzing Children's Art》(이인태 역, 보육사, 1987)에서 아이는 만 4세 무렵부터 인간, 동물, 건물, 풍경, 식물을 비롯해, 자동차, 기차, 비행기, 배 같은 온갖 교통수 단을 그리기 시작한다고 밝혔다. 발달심리학자 하워드 가드너Howard Gardner에 따르면, 아이는 만 5~6세 즈음 이미 이 세상을 묘사하는 데에 필요한 기본 적인 단어를 모두 익힌다.

물론, 아이의 미술 발달 단계에 따라 세상을 묘사하는 방식도 달라진다. 그 런데 어느 한 시기를 넘기자마자, 힘겨루기나 폭력 같은 소재에 관심을 보이 는 아이도 있다. 이 아이들은 그러한 소재를 다루는 영화, 텔레비전 쇼, 책, 애니메이션에 이끌린다. 이런 이야기에는 대개 선악을 대표하는 진부한 캐 릭터들이 등장한다(안데르센의 동화를 기반으로 제작된 어린이용 판타지 애니메이션 〈겨울왕국〉도 마찬가지다).

일부 심리학자들은 아이들이 슈퍼히어로 영화를 보며 힘을 얻는다고 주장하나, 오늘날 영화 속 주인공들 모습은 매우 파괴적이고 폭력적인 때가 많다. 적어도 영화에 한해서는 그렇다. 아이가 폭력적인 장면을 그리는 이유는 그런 장면을 보고 듣고 읽었기 때문이다. 아이는 살아가며 텔레비전이나 온라인상에서 너무나 많은 이미지를 접한다. 결국 자주 접하는 이미지에 영향을 받기 마련이다.

따로 떨어져 있으나 서로 관련된 상징물을 표현했다.
만 9~10세 안나 D.의 작품.

# 6

# 그림 속 상징물

오늘날 어린이들은 문자 언어와 더불어 이모티콘emoticon을 언어로서 배우며 자라난다. 이모티콘은 전산상에서 의사소통 시, 생각과 느낌을 표현하는 데 쓰이는 디지털 상징물이다. 그런데 왼쪽 그림과 같이, 아이들은 그림 속에서 상징물을 완벽히 표현해내기도 한다.

어쩌면 언젠간 이런 상징물들이 문자 언어나 의사소통을 대신할 새로운 수단이 될지도 모르겠다. 아니, 새로운 수단이라기보다는 오래된 수단의 재등장으로 봐야 할 수도 있겠다. 예로부터 시각적 상징물은 전 시대에 걸쳐, 거의 모든 문화권에서 의사소통 수단으로 쓰여왔다. 마야나 이집트 같은 고대 왕국에서 사용한 상형 문자가 시각적 상징물로 이루어졌듯 말이다.

# 어린이 그림 연구의 역사

19세기 중반 이전까지만 해도 아이들의 그림을 철저히 연구한 사람은 몇 없었다. 아마 그림이란 그저 해서 나쁠 것 없는 활동, 혹은 아이들의 놀잇거리에 지나지 않는다고 생각했기 때문이다. 이런 상황에서도 교육의 선구자들은 학교에서 미술교육이 이루어지는 데 힘을 보탰다. 미술교육을 받으면 글씨체가 개선되며, 미술을 가르치는 일이 교육자들에게도 훗날 생계를 유지하는 데 도움이 될 거라는 이유에서였다.

그러다 19세기 후반에서 20세기 초반에 걸쳐 유럽과 미국에 격렬한 변화의 바람이 불어닥쳤다. 당시 사회개혁가들은 의료와 복지를 향상하고자 힘썼으며 무엇보다도 어린이 교육을 중요시했다. 어린이 교육의 질을 높이면 사회 전반을 개선하는 데에 힘을 보탤 수 있으리라 믿었기 때문이다.

이어 아동 발달에 대해 연구하기 시작했고, 이는 교육운동으로 이어졌다. 초기에는 교사와 부모, 정부 관계자, 학교 상담사나 행정 담당자, 내과 의사와 정신과 의사 등 다양한 분야 사람들이 이 운동에 참여했다. 이후 아동 발달학child developement(발달심리학developmental psychology이라고도 알려져 있다)에 권위를 더하기 위해 대학 부속학교가 세워졌고, 보다 정확하게 연구하고 관찰할 수 있는 여건이 마련되었다. 각종 테스트 또한 개발되었는데, 지능과 학업 성취에 관련된 테스트가 대다수였다. 이전과는 달리 이 시기부터는 비전문가가 전문가와 동일한 권리를 행사할 수 없게 되었다.

그 즈음 인간의 본능과 그림에 어떤 관계가 있는지 연구하는 사람이 느는 추세였다. 한 예로, 당시 유럽에서는 정신장애로 일상생활이 불가능한 경우, 환자가 그린 그림을 활용해 진단을 내리는 방법을 신뢰하는 의료진이 꽤 많았다. 그림을 통해 정신질환자들의 정신 상태를 파악할 수 있으며 결과적으로는 그림이 환자의 재활에 도움을 줄 수 있다고 판단한 것이었다.

\* \* \*

한편, 어린이가 그린 그림만 수집하여 전시하거나, 어린이 그림을 연구한 이들도 있었다. 비교적 주관적인 관점으로 그림을 해석하였는데, 자녀의 그림만을 대상으로 삼는 식이었다. 이와 달리 이탈리아의 미술사가美術史家 코라도 리치Corrado Ricci는 어린이 그림 1,250점을 모아 전시회를 열었다. 어린이 그림을 체계적으로 분류하는 데 흥미를 보인 코라도 리치는 1887년, 어린이의 예술 작품을 논한 최초의 책《아동의 미술L'arte dei bambini》을 출간하기도 했다. 그 무렵 영국에서는 심리학자 제임스 쉴리James Sully와 저명한 미술지도사 에베니저 쿡Ebenezer Cooke이 아이들의 창의성 및 그림 능력 계발을 가늠하는 분류 체계를 세웠다. 아이가 자라날수록 그림도 더욱 세밀해지고 사실적으로 변한다는 사실에 주목한 결과였다. 또, 오스트리아 비엔나의 예술가 겸 교육자 프란츠 시젝Franz Cižek은 어린이 예술 운동Child Art Movement을 벌이고 1897년에 청소년 미술 교실을 열었다. 그는 어린 아이가 창조한 예술은 '가장 원초적이며 가장 순수한 창작의 근원'이라 굳게 믿었다.

20세기 초반에 접어들자 어린이 그림 연구에 뛰어든 철학자, 심리학자, 이론가, 교사가 많아졌고, 이전보다 더욱 확실한(신뢰도 또한 높은) 성과를 내기 위해 과학적인 방법론을 택했다.

같은 시기, 정신분석학계 두 선구자의 업적에 큰 관심이 쏠렸다. 바로 지그문트 프로이트와 칼 융이었다. 그 당시 어린이들의 작품 연구에 집중한 학자들도 있었는데, 이들은 연령에 따라 그림 소재와 표현 양상이 변화한다는 사실에 주목했다. 이들의 연구 결과는 향후 교육계에 중대한 영향을 미칠 거라는 기대를 한 몸에 받았다. 이러한 연구자들 중 다수는 아동 미술 발달 단계를 세 단계, 즉 난화기Scribbling Stage, 도식기Schematic Stage, 사실기Naturalistic or Realist Stage로 구분했다.*

* * *

그 밖에 어린이의 그림을 지능과 발육, 성격 발달을 가늠하는 척도로 활용할 방안이 연구되었다. 1920년, 런던 시의회 교육부에서 근무하던 심리학자 시릴 버트Cyril Burt는 그림 그리기와 연령 및 인지발달을 융합했다. '그림 테스트'는 정신적 발달 정도를 드러내는 가장 신뢰할 만한 지표이며, 의사 표현이 어려운 경우 특히 유용하다고 서술했다. 즉, 그림 테스트의 장점은 언어나 산술 능력을 필요로 하지 않기에, 아이가 숫자 같은 추상적인 개념을 모르더라도 검사할 수 있다는 것이었다. 시릴 버트는 아이가 한 해 동안 그린 그림들을 찬찬히 살핌으로써 아이의 정신 발달, 조작기능 발달manual development, 상상력 발달 정도를 도표로 나타낼 수 있다고 했다.

* 자세한 내용은 77~78쪽 참고.

4년 후, 미국의 아동심리학자 플로렌스 구디너프Florence Goodenough는 표준 지능(IQ) 검사를 보완하여 오늘날 널리 알려진 인물 그리기 검사Draw-A-Person test(이후 데일 해리스Dale Harris가 1950년 이 검사를 성 중립적으로 개선하였으며, 이어 1963년 구디너프-해리스 그리기 검사Goodenough-Harris Drawing Test로 재구성했다)를 개발해냈다. 인물 그리기 검사란, 아이에게 인간 형상을 그리게 함으로써 정신연령을 측정하는 것이다. 이때 아이가 그린 형태의 특징(귀의 여부나 손가락 개수 등)에 따라 그림에 점수를 매기는데, 그 나이 또래들의 '전형적인' 그림을 점수의 기준으로 삼는다. 인물 그리기 검사는 여러 차례에 걸쳐 수정되었지만, 아이가 그린 인간의 형상을 지능, 정신, 감정 평가의 척도로서 활용한다는 사실만큼은 널리 인정받아왔다. 특히 심리학자, 심리치료사가 이 기법을 즐겨 찾는다. 이와 형식이 다른 그림 그리기 검사가 개발되어 심리학 연구와 심리 평가에 활용되었는데, 오늘날에는 이를 '투사법projective techniques'이라 부른다.

\* \* \*

그간 수많은 연구자들이 어린이 그림과 어린이 미술교육을 연구하고 저술해왔다. 그중 어린이의 예술적 표현을 다룬 가장 신뢰 받는 저서를 꼽자면, 1947년에 첫 출간된 로웬펠드의 《인간을 위한 미술교육Creative and Mental Growth》(서울대미술교육연구회 역, 미진사, 2002)이라 해야 할 것이다. 이 책은 로웬펠드가 세상을 떠난 뒤 수차례 개정되었다(개정판 중 하나는 램버트 브리튼이 공저자로 올라 있다). 예술교육 분야의 포문을 연 이 저서는 오늘날까지도 예술교육에 지대한 영향을 미치고 있다.

# 언제 그리는가

# 1

## 걷기, 말하기, 그리기

아이는 자라며 지식을 넓히고 재능을 꽃피운다. 그러면서 그간 배운 행동과 기술을 한층 숙련되게 구사할 수 있다. 걷기, 말하기, 낙서하기, 그림을 그리고 글을 쓰기 직전의 행동 등, 어린아이의 삶 가운데 벌어지는 여러 '획기적인 사건' 또한 이러한 변화를 거친다. 각 요소가 발달되며, 아이들은 대부분 '정상' 발달 단계라고 불리는 과정을 차례로 밟아나간다. 이때 주의 사항이 하나 있다. 각 단계에 이르는 나이는 그저 참고 사항일 뿐이라는 것이다. '정상'이라는 것의 허용 범위가 매우 넓기 때문이다.

부모라면 반드시 아이마다 차이가 있다는 것을 잊지 말아야 한다. 발달은 아이가 준비되었을 때 이루어지는 법이며, 그 시기가 남들보다 빠를 수도 있다. 어느 한 분야에서는 또래보다 앞서지만 다른 분야에서는 느긋이 뜸을 들이는 경우도 있다. 어린 시절에는 배울 것도 많고 발달할 부분도 너무나 많기 때문이다.

←——

솜털 같은 꽃을 심은 화분을 그렸다.
만 6세 찰리의 작품.

## 신체 발달과 언어 발달

영아들은 보통 돌을 맞이할 즈음인 9~12개월에 첫 발달을 이룬다. 아이가 아직 스스로 일어서거나 걷지 못한다면 가장 기초 단계로도 나아가지 않은 상태이다. 기초 단계인 앉기, 기어가기, 일어나기 같은 각 활동들은 아기에게 새로운 기술, 새로운 성취를 뜻한다.

근육 힘이 길러지면 균형을 잡거나 신체를 조절하는 기술도 능숙해진다. 그렇게 계속 주변을 탐색하다 보면 아기는 짚고 일어날 수 있을 만큼 튼튼한 가구와, 체중을 실으면 넘어지고 마는 그렇지 못한 가구를 구분한다. 이때 아이의 신체 발달 단계가 상승한 듯 보이겠지만, 운동을 하기 위한 훈련을 받을 만큼 발달하려면 몇 년은 더 기다려야 한다.

언어 구사력 또한 발성 기법의 성숙도와 각자 처한 환경에 따라 단계별로 향상된다. 영아들은 2개월, 3개월만 되면 '쿠우우'나 '가아아'와 같은 소리를 내기 시작하고, 이르면 4개월 즈음 옹알이를 시작한다. 삶의 매 순간을 온라인상에 게시하는 오늘날에는, 아빠의 비트박스 리듬에 맞추어 걸걸한 소리를 내는 아기의 동영상을 일상 속에서 쉽게 접할 수 있다. 그러나 노래를 따라 부르는 것은 고사하고 대화라고 부를 법한 소리를 내려면 우선 아기의 인지기능, 언어기능, 혀와 입술의 근육을 사용하기 위한 운동기능이 발달해야 한다. 즉, 소리를 내는 기능이 발달해야 할 뿐 아니라 간단한 말 정도는 알아듣고, 사물과 그 이름을 연관 지어 생각할 줄 알아야 한다. 그리고 말로써 요구 사항을 표현할 줄 아는 단계에 이르러야 한다.

## 미술 발달의 첫 단계

그림도 이와 비슷하게 일정한 단계를 거쳐 발달한다. 첫 단계는 종이에 낙서를 휘갈기는 것이다. 이 활동은 아이가 원하는 때가 되어서야 시작된다. 물론 부모나 교사가 그림 그릴 장소와, 연령대에 맞는 그림 도구를 마련해주어야 가능한 일이다.

부모라면 이미 잘 알겠지만, 아기에게 크레용을 건네주면 몇 초 들고 있다가는 곧 바닥에 떨어뜨리거나 입에 가져다 넣기 일쑤다. 유아들이 쟁반에 음식을 마구 문질러놓는 행동이 글씨나 그림이 시작되는 전조 현상이라는 주장도 있다. 물론 그럴 수도 있겠으나, 크레용 하나도 통제하기 힘든 아이에게 무언가 표식을 남기는 일은 전혀 즐겁지 않을 것이다. 걷기, 말하기와 마찬가지다. 아이의 신체 조정 능력, 힘과 손재주가 그림 도구나 필기도구를 쥘 수 있을 정도로 발달해야 낙서에 관심을 보이며, 보통 18개월 무렵 그 시기를 맞이한다.

만 2세에 이를 즈음이면 사인펜이나 작은 크레용 같은 그림 도구와 필기도구를 좀 더 수월히 통제할 수 있게 된다. 그런데 이 시기 아이에게 '그림 그리기'란 그저 몸의 움직임과 팔놀림을 원시적으로 실험해보는 것이다. 아이는 자신의 몸동작에 따라 종이에 어떤 형상이 드러나는지 그 연관성을 찾으려 하지 않는다. 아이에게 낙서는 계획적이라기보다는 즉흥적이다.

그러나 얼마 지나지 않아 낙서가 변한다. 낙서에서 아이의 확신과 의도가 느껴지기 시작한다. 어른들이 보기에는 아이가 그린 직선과 원, 구불구불한 곡선에 아무 뜻이 없는 듯하겠지만, 아이 입장에서는 큰 의미를 담아 그린 것이다. 이러한 낙서는 그림으로 아이가 처음 의사소통을 시도한 것이다. 즉 주변 세계에 대해 능동적으로 생각하고 느낀 바를 종이에 '쓰려'한 결과다. 더욱 단순하게 생각하면 아주 어린아이에게 그림 그리기란 글을 쓰는 것과 마찬가지다.

# 2

# 로웬펠드의 미술 발달 단계

**로웬펠드의 6단계 발달 이론**

로웬펠드는 아이의 그림 속에서 미적, 사회적, 신체적, 지적, 감정적 성장을 엿볼 수 있다고 했다. 다시 말해, 그림은 사고 · 추리 · 기억 같은 지적 활동 능력뿐만 아니라, 그림을 그리며 급격히 변화하는 각종 기능(운동기능, 언어기능, 지각기능, 상징화 기능)과 지각 능력(감각 인지력, 공간 인지력, 사회 인지력, 환경 인지력, 공감 능력, 문화 인지력 등)의 발달 정도를 드러낸다. 교육심리학자 시릴 버트와 그 연구진의 초기 연구를 바탕으로, 로웬펠드는 아동 미술 발달의 주요 단계를 6가지로 정의했다.* 이 발달 단계의 범위는 대략 만 2세부터 사춘기까지다.

### 1 | 난화기 Scribbling Stage (만 2~4세)

자기표현이 시작되는 시기로, 무작위하며 무질서한 그림을 그린다. 아이가 끄적거린 흔적은 선과 원 모양으로 발전한다.

---

* 저서 《인간을 위한 미술교육》 참고.

### 2 | 전도식기Preschematic Stage(만 4~7세)

그림으로 의사소통하는 첫 단계로, 표현한 것과 대상의 관계를 발견한다. 사람, 사물, 장소 같은 자신이 인식한 대상과 주변 환경을 새로운 형태나 상징으로 묘사하려고 한다.

### 3 | 도식기Schematic Stage(만 7~9세)

주위 환경에 대한 개념이 형성되는 시기로, 대상을 아이 스스로 정한 특정한 도식이나 이미지로 표현하려 한다. 공간 개념이 형성되면서 그림에 기저선$_{base line}$*이 나타난다.

### 4 | 또래 집단기Gang Age(만 9~12세)

비슷한 형태로 계속 그리는 도식화된 표현에서 벗어나, 사실적인 표현이 시작되는 시기다. 색깔 표현이 더욱 자연스러워지고 그림에 세부 표현과 공간의 깊이감이 드러난다.

### 5 | 의사실기Pseudo-naturalistic Stage(만 12~14세)

합리적인 사고를 할 수 있는 시기로, 인간 형상과 주변 환경을 더욱 세세하게 파악한다. 대상의 특징을 파악하는 캐리커처 표현법을 쓸 수 있으며, 전보다 정교히 묘사한다.

### 6 | 결정기Period of Decision(만 14세~17세)

대상을 더욱 세밀하게 묘사하는 한편, 그림을 더 이상 그리지 않으려는 태도를 보이기도 한다.

---

* 바닥이나 땅을 나타내는 선.

만 6세 죠슈아의 작품.
'나가 놀고 싶어 하는 버니Bernie Wants to Go Out'라는 이야기를 묘사했다.
강아지 귀와 반점, 다리와 꼬리 개수는 세세하고 정확히 묘사한 반면,
강아지와 소년의 팔다리는 마치 작대기처럼 그려놓았다.
이는 발달 지체를 의미한다.

로웬펠드에 따르면, 아이의 그림이 변했다는 것은 곧 아이가 이 세상을 인지하고 묘사하는 방법과 활동 양상이 달라졌다는 뜻이다. 이처럼 그림에 드러난 특정 양상을 살피면 아이의 예술적 표현이 한 단계 나아갔다는 것을 알 수 있으나, 어째서 다음 단계로 발전했는지 이유를 찾기란 꽤나 어렵다. 로웬펠드는 이러한 점진적인 발달이 신체, 언어 발달과 동시에 이루어진다고 주장했다.

이어, 그는 스위스 심리학자 장 피아제Jean Piaget가 논문〈어린이의 판단력과 추리력Judgment and Reasoning in the Child〉에 저술한 인지발달 이론을 예로 들었다. 인간의 인지능력이 아래와 같이 4단계에 걸쳐 발달한다는 내용이다.[*]

1 | 감각운동기Sensorimotor period(출생으로부터 18~24개월까지)

2 | 전조작기Preoperational period(18~24개월 무렵 영아부터 만 7세 무렵 유아기까지)

3 | 구체적 조작기Concrete Operational period(만 7~12세까지)

4 | 형식적 조작기Formal Operational period(사춘기부터 성인기까지)

이 4단계는 아동 미술 발달 단계에서 언급되는 각 시기와 많은 부분 일치한다. 즉, 아이의 예술적 표현 발달은 곧 사고 발달을 의미한다고 보는 것이

---

[*] 감각운동기는 감각과 운동능력을 통해 주변 세계를 알아가는 시기이며, 전조작기에 이르면 언어를 사용하고 상징적 사고를 하기 시작한다. 구체적인 대상에 한해 논리적 사고가 가능한 구체적 조작기를 지나, 형식적 조작기에 이르면 추상적·과학적 사고 능력이 발달한다.

다. 실제로 로웬펠드는, 아주 어린아이라면 그림을 그리는 행위 자체가 무언가 배워나가는 과정인 경우가 많다고 했다. 또한 어릴수록 그림을 그리며 성장이 촉진될 가능성이 높다고 밝혔다.

## 베티 에드워즈의 연구

저명한 작가이자 미술대학 교수인 베티 에드워즈Betty Edwards에 따르면, 어린이 미술 발달은 뇌 발달과 밀접한 관련이 있다. 베티는 유아기 전반에 걸쳐 서서히 뇌의 특정 기능이 한쪽 뇌 반구에 치우치는 편재화lateralization가 일어난다고 보았다. 또, 이 편재화가 일어나는 만 4세 전후에는 언어 능력과 그림 속 상징 또한 발달한다고 주장했다.

생물심리학biological psychology(행동신경과학behavioural neuroscience)에서 뇌의 왼쪽 반구(좌뇌)는 보통 언어 구사, 이해, 계산, 쓰기 기능을 담당한다고 본다. 반면 오른쪽 반구(우뇌)는 창의성과 상상력, 음악, 예술적 활동, 공간 지각력을 활용한 활동, 신체 통제력과 지각 능력을 담당한다고 알려져 있다.

베티 에드워즈는 아이가 만 10세에 이르기까지, 그림의 표현 방식이 충돌하는 과정에서 편재화가 일어난다는 흥미로운 사실을 발견했다. 만 10세 무렵에 이르면 좌뇌(언어를 담당)가 우뇌보다 지배적으로 작동하며 공간 인지력보다는 이름과 상징을 활용하는 빈도가 높아진다. 베티 에드워즈는 바로 이 때문에 아이가 사물을 보이는 대로 '정확히' 그리는 것을 어려워한다고 보았고, 그래서 사물을 대변하는 상징을 그리는 것이라 설명했다.

## 아이에게 중요한 것은 그림 그리는 과정 자체다

부모와 교사를 비롯한 수많은 어른들은 아이의 그림을 보며 그 풍부한 상상력에 감탄한다. 그러면서 아이가 현재 어느 발달 단계의 표현 방식으로 그리는지 궁금해한다. 이런 궁금증을 풀어주기 위한 미술교육 강좌에서는 오늘날까지도 로웬펠드의 옛 논문이 인용되고 있다. 또한 미술교육학, 유아교육학, 미술치료, 인지심리학, 발달심리학계의 저명한 학자들이 로웬펠드의 연구를 수정하고 재해석해하는 등, 그의 연구 성과를 한층 드높이고 있다.

이쯤 하여 짚고 넘어갈 것이 하나 있다. 미술 발달 단계를 무어라 부르든 각 단계는 어느 개인의 미적 개념이나 잣대로 아이의 그림을 평가하거나, 어린아이치고는 그 그림이 얼마나 아름다운지(혹은 사실적인지) 재어보는 것과는 거리가 한참 멀다. 만일 그러했다면 어른의 색안경을 끼고 어린이의 그림을 바라보는 것에 지나지 않았을 것이다. 여기서 '아름답다'는 개념은 중요치 않다.

아이들은 자신이 알고 있거나, 의미 있는 대상만을 그린다. 아이에게 가장 중요한 것은 결과물이 아닌 그림을 그리는 과정 그 자체다. 그림을 그리는 동안 생각에 잠기고 문제를 해결하기 때문이다. 그래서 부모는 그림을 통해 아이의 머릿속에서 무슨 일이 일어나는지 엿볼 수 있다. 또한, 아이의 미술 표현 방식이 다음 단계로 나아갔다는 것은 어른이 설득했거나 지도해서라기보다는, 그저 발달이 이루어졌기 때문인 경우가 대부분이다.

# 3

# 말키오디의 미술 발달 단계

로웬펠드의 연구에 이어, 어린이 예술적 표현(그림)을 여러 단계로 정의하고 분류하려는 연구는 꾸준히 있었다. 연구자마다 각 단계에 붙인 이름과 단계별 연령도 조금씩 달랐으나, 아이들 대부분이 거치는 발달 단계가 있다는 데에는 모두가 의견을 같이했다.

아이의 그림에 영향을 미치거나 다음 발달 단계로 넘어가도록 하는 요소는 매우 다양하다. 아이의 발달과 건강 상태, 가족이나 학교 폭력 외에도 수많은 외부 요인과 환경이 그림에 크나큰 영향을 미친다. 전쟁, 기아, 이민, 자연재해까지, 더 많은 이유들이 있지만 이 책에서 모두 다루지는 않겠다.

여기서는 미술치료사 캐시 말키오디Cathy Malchiodi가 《미술치료사를 위한 아동미술심리 이해Understanding Children's Drawings》(김동연 · 이재연 · 홍은주 공역, 학지사, 2010)에서 사용한 각 단계별 명칭을 따랐다.

1단계: **난화**(만 1.5~3세 이상)

2단계: **기본적인 형태**(만 3~4세 이상)

3단계: **사람 형태와 초기 도식**(만 4~6세)

**4단계: 다양한 도식의 발달(만 6~9세)**

**5단계: 사실주의(만 9~12세)**

**6단계: 청소년기(만 13~17세)**

아이가 다음 단계로 넘어가기까지 매우 긴 시간이 걸린다는 것을 부모는 반드시 이해해야 한다. 한 단계의 종료 시기와 다음 단계가 시작되는 시기를 파악하기 매우 까다로운 경우도 있다. 동어반복처럼 들릴 수 있겠으나 다시 한 번 강조하건대, 아이들의 발달 양상이 모두 비슷하지는 않으며, 개중에는 퇴화와 진보를 거듭하거나 한동안 서로 다른 발달 단계를 반복해서 오가는 경우도 있다. 즉, 모든 아이가 '만 4세 생일' 케이크 촛불을 *끄*자마자 인간의 형상을 *끄*적거리기 시작하는 게 아니라는 뜻이다.

인간을 그리는 법을 깨우친 뒤에 난화기 단계로 되돌아가는 경우도 있고, 한 그림 안에서 여러 발달 단계 양상을 보이기도 한다. 마찬가지로, 같은 단계임에도 사물을 묘사할 때 '실제와 같은' 색깔을 고르려는 아이가 있는 반면, 연두색 강아지나 보라색 고양이를 그리고는 매우 만족하는 아이들도 있다. 요즘 아이들은 컴퓨터로 그려낸 풍부한 색감과, 포토샵을 거친 이미지를 매일같이 접하기 마련이다. 이런 상황에서, 물방울무늬가 있는 분홍색 조랑말 그림이 탄생하지 않을 수야 있겠는가?

감정 상태를 색에 반영하려는 아이가 있는가 하면, 크레용 한 판에 담긴 모든 색을 써야만 직성이 풀리는 아이도 있다. 아이는 자신이 이 크레용의 주인이라는 점을 확실히 해두려는 이유일지 모른다(참고로 콜코란A. Corcoran의 논문 '〈

유치원생의 색깔 선택Color Usage in Nursery School Painting)에는 유치원생이 그림을 그릴 때 팔레트에 짜 놓은 물감 순서 그대로 색칠하는 경향이 있으며, 반 이상이 가장 오른쪽에 짠 물감을 맨 처음으로 선택한다는 연구 결과가 실렸다).

걷기, 말하기와 마찬가지로, 그림을 그리는 법 또한 가르칠 필요가 없다. 아이가 자신만의 그리기 방법을 개발하기 때문이다. 그러나 부모가 명심해야 할 것은 있다. 아이가 다음 단계로 나아가기를 재촉해선 안 된다. 발달 단계는 그저 지침에 지나지 않기 때문이다.

몸과 마음이 성숙해질수록 그림도 발달하기 마련이다. 아이는 자신이 생각하는 바를 그리므로 관심사나 아이에게 필요한 대상, 혹은 능력에 변화가 생겼다면 그림도 변한다. 마치 청색 시대*의 파블로 피카소가 때가 되자 장밋빛 시대로 나아갔듯 아이도 스스로 다음 단계로 나아간다. 그리고 학교뿐 아니라 가정에서도 동시에 동기부여가 된다면 아이가 그림을 그릴 기회는 더 많아진다.

이 책은 만 2~12세의 그림을 집중적으로 탐구하므로 사춘기 아이들의 그림은 자세히 논하지 않기로 하겠다. 어느 연령대보다도, 초기 발달 단계에 있는 아이의 그림이 이해하기 가장 힘들겠지만 흥미롭기 마련이다. 부모라면 특히 공감할 것이다.

---

\* 피카소가 청색을 사용해 음울한 감정을 표현하던 시기. 이후 색감이 밝게 바뀌며 장밋빛 시대가 열렸다.

# 4

# 1단계: 난화기

로웬펠드는 난화기를 다시 세분화했다. 바로 '무질서한 난화기Disordered Scribbling(1922년, 시릴 버트는 이를 '목적 없이 긋기purposeless pencillings'라 칭했다)', '조절하는 난화기Controlled Scribbling(시릴 버트는 '목적 있는 긋기purposive pencilings'라 칭했다)', '명명하는 난화기Named Scribbling'이다.

부모와 교사는 아이가 어릴수록 감정을 분출할 통로와 표현 수단이 부족하다는 것을 반드시 염두에 두어야 한다. 그래서 아주 어린아이들은 특히나 낙서를 하며 행복과 재미, 해방감을 느낀다. 동시에 점차 조직화되는 움직임을 활용할 수 있기에, 만 1.5~4세가량 아이들에게 낙서는 그림의 전 단계 역할을 한다.

난화기는 대략 18~24개월 즈음 갑작스럽게 시작된다. 이 시기 아이들은 자발적으로 종이에 흔적을 남기기 시작한다(종이가 아니더라도 벽이든 식탁이든 마음 가는 장소를 택하므로, 정원 흙이나 해변의 모래에 그림을 그릴 수도 있다). 이 단계는 장 피아제가 인지발달의 첫 단계라 규정한 '감각운동기'와 일부 밀접한 관련이 있다. 이 시기 아이들은 오감과 신체 활동을 통해 정보를 처리한다. 이러한 과정은 아이의 초기 인지능력early intelligence과 향후 학습 능력의 초석이 된다.

유아는 눈과 손의 협응hand-eye coordination과 소근육이 충분히 발달하지 않았으므로 크레용(혹은 연필, 사인펜, 막대기 따위)을 잡을 때 손 전체를 사용하여 주먹을 꼭 쥐어야 한다. 이 경우 자신이 원하는 정확한 곳에 그리기 어려운데, 손목과 손가락을 전혀 통제할 수 없기 때문이다. 따라서 어깨와 팔을 반복적으로 크게 움직이며 낙서를 남긴다.

유아는 대부분 선을 그으며 종이를 쳐다보지도 않기에, 낙서는 아무렇게나 그은 무질서한 모습을 보인다. 낙서를 하는 동안 근육을 한껏 사용하며 몸을 움직이는 것 자체에 주목하는데, 이는 유아에게 굉장히 즐거운 활동이다.

그림을 그리는 도중에 유아는 종이에서 크레용을 한 번도 떼지 않는다. 그래서 어쩌다 한 번씩 끊긴 부분을 제외하면 전체적으로 하나의 선으로 연결된 그림이 탄생한다. 유아에게 자연스러운 동작은 주로 원을 그리는 것이며, 때로는 행주로 식탁을 닦듯 앞뒤로 오가는 선을 그리기도 한다. 부모 입장에서 이 단계 아이가 그림을 그리는 모습을 지켜보자면 조금 오싹할지 모르겠다. 마치 좀비처럼 반복적으로 팔을 뒤흔드는 데다 허공을 멍하니 응시하기 때문이다.

이 순간 말라붙어 잉크가 나오지 않거나 뚜껑이 닫힌 도구를 건네도, 아이가 모를 거라 생각하면 오산이다. 그림 도구가 제 기능을 하지 못하면 아이들은 곧 그림 그리기에 흥미를 잃고 만다. 예를 들어 연필심이 부러졌을 때 그렇다.

크레용으로 문지른 듯한 낙서. 만 2세 4개월, 자말의 작품.

정신없고 리드미컬한 낙서. 만 2세 시빌의 작품.

아이에게 종이를 준다면 사용하기는 하겠으나 선이 종이 밖까지 삐져나갈지 모른다. 이 나이대 아이는 테두리를 무시하는 경향이 있을 뿐더러, 종이 크기가 아닌 팔이 움직이는 폭에 따라 그림을 그리기 때문이다. 그러므로 아이에게 평범한 A4용지보다는 저렴한 재생지나 마닐라지 같은 질기고 커다란 종이를 주는 편이 낫다.

또, 난화기 초기 아이들은 이미 그려놓은 그림을 완전히 무시해버린다. 아이에게는 자신이 그린 그림인지 남이 그린 그림인지는 중요치 않다. 색칠 놀이책을 사준 부모라면 너무나 잘 알 것이다. 귀여운 동물 스케치나 공주 밑그림 위에 검은 선을 마구 그어댔을 테니까.

아이가 처한 환경에 따라 그림 소재와 재료는 다르겠지만, 아이라면 누구나 국적을 가리지 않고 낙서를 시작한다. 그러다 만 2세가 되면 낙서는 아주 중요한 표현 수단으로 자리 잡는다. 이때 낙서는 아이의 움직임이 만들어낸 문자 언어와 같다. 이 시기 아이에게는 마음껏 그림을 그릴 수 있는 기회와 재료를 마련해주기만 하면 된다.

약 6개월이 지나 아이는 난화기 두 번째 단계로 넘어가는데, 이를 '조절하는 난화기'라 부른다. 이 단계는 자신의 움직임과, 종이 위 흔적에 밀접한 연관이 있다는 사실을 아이가 불현듯 깨달으며 시작된다. 아이는 이제 그림을 그리며 자기 작품을 바라보기도 한다. 그러나 집중력과 운동능력이 발달되기 전이라, 다양한 선과 색을 사용해보는 등 실험을 거듭하며 오랜 시간을 보내야 한다.

신체 움직임과 종이에 나타난 이미지의 연관성을 깨닫고 나면, 아이는 더욱 다채로운 모양을 그려내고자 다양한 동작을 한다. 그러고는 원, 고리, 선, 소용돌이 등, 흔히 전기 그림pre-figure(혹은 pre-writing)이라 부르는 형태를 만들어간다. 그렇게 아이는 점차 동작을 조절하며 팔보다는 손목을, 손목보다는 손가락을 주로 사용해나간다. 손의 움직임을 조절하며 그림은 점차 작아지고 똑같은 모양도 반복해서 그릴 수 있게 된다.

하워드 가드너Howard Gardner는 신체 조절 능력이 발달할수록 종이에서 크레용을 떼었다가 다시 그리기가 수월해진다고 했다. 그래서 종이 여기저기 점을 흩뿌리거나 한곳에 점을 뭉쳐놓은 듯한 흔적이 생긴다고 설명했다. 마치 어른들의 사인처럼 글씨를 닮은 낙서를 하기도 하는데 1922년, 시릴 버트도 이 점을 언급했다. 어른의 '데생' 작업 방식과 비슷한 낙서가 시작된다는 것이다. 이러한 낙서와 움직임은 아이가 어른의 글이나 그림을 따라한 듯 보이나, 아직은 시각적, 지능적 요소보다는 근육의 움직임에 더욱 주목해야 하는 시기다.

개중에는 어른들이 그림 도구를 움켜쥔 모습을 따라하려는 아이도 있다. 그러다 보면 크레용을 있는 힘껏 짓누르기도 한다. 단단하지 않은 도구를 쓸 경우 더욱 그러한데, 붓이나 젤 크레용은 누르면 누를수록 색이 더 짙어지고 더욱 밀도 있게 표현할 수 있기 때문이다.

--------→

길쭉길쭉한 점을 그린 전형적인 난화기 그림.
만 2세 카이리의 작품.

선이 가득한 난화기 그림으로 글씨를 연상시킨다.
만 2~3세 그윈의 작품.

로다 켈로그는 1948년부터 1966년까지 어린이가 남긴 낙서를 수천여 장 모았다. 그가 스콧 오델Scott O'Dell과 함께 쓰고 1967년에 출간된《어린이 그림 심리학The Psychology of Children's Art》에는 그림 발달 가장 초기 단계 아이들이 흔히 그리는 20가지 난화 형태가 실려 있다. 이 기본적인 형태는 점, 하나로 된 선, 여러 가지 선, 갈지자형 선, 고리, 소용돌이 등 다양하며, 모두 난화기의 가장 기본이 되는 요소다. 아이라면 누구나 이 20가지 기본적인 형태를 그린다. 그러나 한 아이가 모든 형태를 그리는 것이 아니라 각자 선호하는 형태 몇 개만 반복적으로 그린다.

심리학자 모린 콕스Maureen Cox의 저서《어린이 그림Children's Drawings》에 따르면, 아이는 그림을 그리며 일종의 역할 놀이를 경험할 수 있다. 모린 콕스는 아이가 종이에 대고 크레용이나 사인펜을 움직일 때, 자신이 목격한 동작을 따라한다고 했다. 만약 아이가 그린 선이 종이 전체를 오가듯 역동적이라면 평소 보았던 애완동물을 모방한 것일 수도 있다. 아이가 한곳에 점을 잔뜩 찍는다면 비눗방울이 터지는 모습, 눈송이, 빗방울, 낙엽이 떨어지는 모습 등을 표현한 것일 수 있다.

아이의 낙서를 보며 어른들은 그 모습이 현실에 있는 무언가를 닮았다고 생각한다. 이를 테면 나뭇잎을 닮았다고 생각했고 아이 역시 그림에서 나뭇잎 모양을 떠올렸다고 치자. 그렇다고 아이가 정말 나뭇잎을 그리려 한 것인지, 아니면 그림을 다 그리고 나니 나뭇잎으로 보인 것인지 정확히 알 수는 없다. 아이는 특정한 사물을 그리다가도 도중에 마음을 바꿔 다른 존재라 생각해버리기도 한다. 마찬가지로 다 그린 후에도 마음을 바꿀 수 있다.

젤 크레용으로 다채로운 선을 그렸다.
시빌이 만 2세 7개월에 그린 작품.

전형적인 원 모양을 여러 번 덧그렸다.
이는 로다 켈로그가 주장한
20가지 기본 난화 형태 중 하나다.
만 3세 사라베스의 작품.

젤 크레용으로
갈지자 선들을 그렸다.
이 또한 로다 켈로그가 주장한
20가지 기본 난화 형태 중 하나다.
만 2세 9개월 시빌의 작품.

무리 지은 점들로 표현한 전기 그림pre-figure.
만 2세 올리비아의 작품.

'조절하는 난화기'에 들어선 아이는 그림을 그릴 때, 선이 종이나 그림판 밖으로 벗어나지 않도록 노력할 것이다. 이어 특정한 색에 대한 호불호가 생기고, 전체 그림 중 어느 한 부분만 유독 오래 그리기도 한다. 동시에 자신이 원하는 곳에 그림 요소를 배치하려고 하며, 이미 그려놓은 부분에 그림을 덧그리지 않도록 주의한다. 이 시기 아이에게 마음에 드는 색과 좋아하는 방법을 택할 수 있도록 하면 자율성이 길러진다. 자율성은 아이의 감성 발달에 중요한 역할을 한다.

# 5

# 2단계: 기본적인 형태

난화기의 다음 단계는 보통 만 3~4세에 시작된다. 로웬펠드는 이 단계를 '명명하는 난화기'라고 칭했다. 그리고 이 단계로 접어들었다는 것은 아이의 사고가 변했음을 뜻한다고 했다. 움직이는 활동 자체에 집중하며, 오감과 운동을 통해 인지하는 근감각 사고 단계에서 상상적 사고imaginative thinking 단계로 발전한 것이다.

이 단계 아이는 처음, 의식적으로 형태를 만든다. 그림에 제목을 붙이는 것도 이 단계의 특징이다. 캐시 말키오디는 이 단계가 피아제가 규정한 인지발달의 두 번째 단계인 '전조작기'와 대략 일치한다고 주장했다. 피아제에 따르면 이 시기 아이는 자기중심적인 면이 있고 사물을 지칭하는 언어 기호(단어와 이미지)를 배우기 시작한다. 그리고 상징적 사고symbolic thought가 두드러지며 선, 형태, 크기, 색으로 자신을 둘러싼 환경을 분류할 수 있다. 허나 끊임없이 새로운 것에 주의를 돌리므로 아이가 표현하려는 상징도 계속 변한다.

이 시기에는 집중력이 향상되는 동시에, 그림을 보며 꽃이나 나무처럼 이미 알고 있는 사물을 그린 것이라 주장한다. 손가락으로 그림의 각 요소를 가리키며 특정한 사람이나 사물이라고 칭하거나, 높이 뛰거나 달리는 행동을 그렸다고 설명하기도 한다. 이 단계가 되면 아이는 그림 도구를 손가락 사이에 끼워 잡을 수 있다. 그래서 그림 도구를 조절하는 것이 좀 더 수월해지고 원하는 위치에 정확히 표식을 남길 수 있다. 이 단계 아이들은 다양한 선을 긋는다. 각 선의 끝부분이 이어지며 모양을 갖추기 시작하고, 종이의 공백 부분에까지 특정한 의미를 부여하기도 한다.

초등학교 미술 교사인 수잔 스트라이커Susan Striker 는《어린이, 마음으로 그리다Young at Art》에서, 그림은 아이가 감정을 표현하는 창구이며, 아이의 성격은 물론 세상을 바라보는 관점까지 엿볼 수 있다고 했다. 그래서 연령과 발달 상태가 같은 아이들에게 똑같은 재료를 쥐어주어도 각기 다른 그림을 그리는 것이다. 외향적이고 사교적인 아이라면 대담하고 과장된 그림을 그릴 것이고, 소심하거나 자신감이 부족한 아이라면 소극적인 표현 양식으로 그릴 것이다.

하워드 가드너는《예술 혹은 낙서Artful Scribbles》에서 이 단계에 있는 아이들을 두 종류로 나눌 수 있다고 했다. 바로 '형태에 관심 있는 아동patterner'과 '이야기에 관심 있는 아동dramatist'이다. '형태 관심형' 아이들은 무늬나 색, 모양에 관심이 많은 반면, '이야기 관심형' 아이들은 모험이나 극적인 이야기에 흥미를 느낀다. 또한 '형태 관심형' 아이들은 탐구와 실험을 즐기나 타인과 상호작용하는 데에는 관심을 잘 보이지 않지만, '이야기 관심형' 아이들은 이에 관심이 많고 역할 놀이와 동화 구연을 좋아한다.

자녀가 난화기 단계에 있다면 둘 중 어떤 성향을 보이는지 알아두자. 아이가 그림에 대해(혹은 그림을 그리는 동안) 이야기하는 것을 좋아할지 아닐지 파

알록달록한 젤크레용으로 그렸다.
다양한 패턴과 원에 대한 선호가 돋보이는 만 3세 시빌의 작품.
만 2세 때(88쪽 아래)와 만 2년 7개월 때(94쪽),
만 2세 9개월 때 그림(95쪽 아래)과 비교해보면
시빌의 성장과 발달이 명확히 드러난다.

만 3~4세 세바스티안 S. W.의 작품,
'내리막길에서 아빠랑 눈싸움하기'.
검정 사인펜으로 밑그림을 그린 뒤 수채화 물감을 칠했다.

'로켓 여행'.
템페라 화법으로 표현한 역동적인 풍경화.
만 3세 찰리 K.의 작품. 로켓을 쏘아 올리는 순간 발사되는
불과 연기를 중점적으로 그렸다.

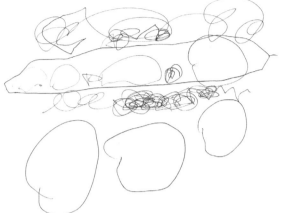

만 3~4세 대니얼은
기차에 푹 빠져 있는 게 분명하다.
창문이 달린 기다란 기차와
그 아래 거대한 강철 바퀴, 그리고
여러 기계 장치를 그렸다.
연기도 피어오르고 있다.

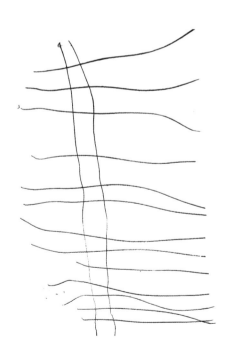

역시 만 3~4세 대니얼이 그린 기찻길.
심혈을 기울여 기찻길 모습을 그려냈다.

악하는 데에 도움이 될 것이다. 물론 '형태 관심형'에도 '이야기 관심형'에도 해당하지 않거나, 양쪽 성향이 모두 있는 아이도 있다. 어떤 아이는 색이나 모양을 마구 섞거나 여러 가지 재료를 결합하는 데에 몰두하기도 한다.

하워드 가드너는 아이로 하여금 그림에 이름을 붙이거나 설명하길 바라는 부모들을 지적했다. 사실 아이들은 대부분 자신의 그림을 그렇게 간략히 설명하지 못한다. 오직 부모를 기쁘게 하려고 이름을 붙이는 아이가 대다수다.

아이가 그림 제목을 주변 환경에서 따와 붙인다는 주장도 일리는 있다. 그러나 수잔 스트라이커에 따르면 아이가 그린 형태는 죄다 비슷하거나, 한 형태에 여러 의미를 담고 있기도 하다. 그 때문에 아이는 그림을 볼 때마다 매번 다른 이름이나 이야기를 붙이는 것일 수도 있다.

헌데 어린이집이나 유치원에서는 흔히들 아이가 그린 그림에 이야기를 지어 붙이고는 한다. 나아가 집에 그림을 가져가 부모님 앞에서 그날 무엇을 했는지 이야기하라고 시킨다. 그러나 수잔 스트라이커는 부모가 아이의 그림에 무언가 쓰거나, 이야기를 덧붙여서는 안 된다고 당부했다. 이는 아이의 그림을 침범하는 것이기 때문이다. 부모가 개입하면 아이가 나중에 그림을 다시 들여다볼 때마다 새로운 요소를 발견할 수 없기 때문이라고 했다.

마지막으로, 로다 켈로그와 수잔 스트라이커를 비롯한 여러 연구자들은, 이 단계 많은 그림들이 매우 복잡한 형태를 띠며 산스크리트어로 원을 뜻하는 '만다라'를 연상시킨다고 했다. 로다 켈로그에 따르면 아이들이 그리는 만다라는 흔히 원, 정사각형, 직사각형으로 이루어진 상징으로, 그 위에 선들이 겹쳐 있다. 만다라의 형태는 다양하며, 작게 그려 넣어서 찾기 어려운 경우도

테두리로 둘러싸인 만다라를 연상시키나
열정적으로 덧칠한 탓에 잘 보이지 않는다. 만 3~4세 셰인의 작품.

있다. 이 만다라를 그린 아이들은 곧 기초적인 형태를 표현하기 시작한다는 주장도 있으나, 누구나 그 절차를 밟지는 않는다.

# 6

# 3단계: 사람 형태와 초기 도식

아동 미술 발달의 가장 중요한 순간은 언제일까? 바로 아이가 스스로 선을 이용해 면으로 이루어진 형태를 만들 수 있음을 깨닫는 때이다. 아이가 처음으로 만들어내는 도형은 대개 원으로, 이를 사실적 표현의 첫 시도로 보고 있다.

베티 에드워즈는 원이 보편적인 상징물로서 수많은 의미를 내포한다고 했다. 피아제 또한 아이가 도형을 그리기 시작하는 것을 상징적 사고가 발달한 증거로 보았다. 로웬펠드와 브리튼은 이 단계를 전도식기, 혹은 표상적 사고*representational를 향한 첫 시도라 불렀고, 베티 에드워즈는 이를 '상징 단계'라 칭했다. 하워드 가드너는 저서 《예술, 정신 그리고 뇌Art, Mind and Brain》에서 이 단계를 일컬어 '그림의 황금기'라 하였다.

이 단계의 주요 특징은 공간을 개념화하고 묘사하는 방식이다. 말키오디에 따르면, 이 시기 아이들은 공간을 인식할 때 자기 신체를 중심으로 생각하기에, 주변 요소를 고려할 줄 모른다. 그 때문에 공간 관계spatial relationships**를

---

\* 피아제의 인지발달 단계 이론에 따르면 '표상적 사고'란 상상력을 발휘하거나 행동에 앞서 문제를 추론하는 능력을 말한다. 표상적 사고가 발달하면 눈앞에 사물이 존재하지 않아도 머릿속으로 사물을 떠올릴 수 있다. 표상적 사고는 인지발달 단계 중 '전조작기'에 발달한다.

\** 물체 간의 비율이나 물체의 위치를 파악해 조화롭게 표현하는 것.

간파하지 못하는 것이다.

특히, 이 단계 초기에는 디자인이나 구도를 고려하지 않은 채 그림을 그린다. 땅을 나타내는 경계선도 표현하지 않는데, 아이들은 때때로 종이를 사방으로 돌려가며 그리기 때문이다. 사물을 그릴 때에는 종이에 꽉 채우거나 둥둥 떠다니는 모양새로 표현한다. 크기는 왜곡되며 그 비율도 부정확하다.

심지어 서로 연관성 없는 요소들이 한 그림 속에 등장하기도 한다(페파 피그peppa pig와 못말리는 어린 양 숀Shaun the Sheep이 함께 나오는 식이다). 아이들은 선과 형태가 비슷하기만 하다면 한 그림에 담을 이유가 충분하다고 생각하는 듯하다.

만 3세 하고도 반년 즈음이면 그간 발달한 세상에 대한 인식이 그림에 담긴다. 아이가 시도하는 첫 사실주의적 표현은 대개 기묘하게 생긴 인간 형상으로, 심리학계에서는 이를 올챙이 모양 인간tadpole person이라 칭한다. 보통 원하나가 머리를, 세로로 뻗은 선 두 개가 다리를 의미하며 원, 점, 선 몇 개를 더해 얼굴의 세부 사항을 표현하기도 한다. 얼굴을 그리는 것에서 한발 더 나아가 미소 짓는 표정을 표현하는 아이도 있다.

올챙이 인간은 종이 어딘가에서 '떠다닐' 수도 있고, 그림 속 다른 요소와 결합되어 특정한 행동이나 사건, 이야기를 드러내는 데에 쓰이기도 한다. 아이는 모든 사람을 올챙이 인간으로 표현한다('올챙이'가 아닌 다른 모습으로 표현한 사례는 접해본 적이 없다. 올챙이 인간 그림을 볼 때면, 물렁해진 삶은 계란에 작은 나뭇가지나 이쑤시개를 꽂아놓은 모습이 떠오르곤 한다. 애그맨Egg Men 캐릭터를 닮은 듯도 하다).

올챙이 모양 인간을 두 명 그렸다. 만 3~4세 사라베스의 작품.
왼쪽 인물은 행복해 보이지만 오른쪽 인물은 기분이 좋지 않아 보인다. 처진 입꼬리는
조숙precociousness을 의미할 수도, 혹은 화가 나거나 불행했던 순간을 암시할 수도 있다.

낙서와 함께 날아가는 올챙이 모양 인간을
크레파스(오일파스텔)로 그렸다. 만 3~4세 셰인의 작품.

만 4세 올리버의 작품.
'선 밸리에 간 나와 우리 형, 샘, 그리고 별, 연못, 다리'.
그림 한가운데에 아이 형상이 보이고 오른쪽 위에 형이 있다.
둘은 다리 위를 걷고 있으며 왼쪽 아래에는 연못이 보인다.
점들은 별을 의미한다. 각 요소가 종이 위를 떠돌 듯 그려 있다.

만 3~4세 세바스티안 S. W.의 작품 '사람과 나무'.
정성을 다해 나뭇잎을 표현했다.

만 3~4세 세바스티안 S. W.의 작품,
'겨울에 내 모습과, 아빠가 만들어준 아주아주 큰 눈 뭉치'.
사인펜을 사용했으며, 눈 뭉치를 사람보다 더 크게 그렸다.

만 3~4세 세바스티안 S. W.의 작품,
'여기 우리 아기가 있어요. 아기는 겨울에 찾아왔어요'.
남동생이 태어난 가족의 경사를 축하하며 그렸다.
세바스티안은 크기뿐 아니라 검은 사인펜 선 위에 각기 다른 색깔을 덧칠해
동생과 자신을 구분했다.

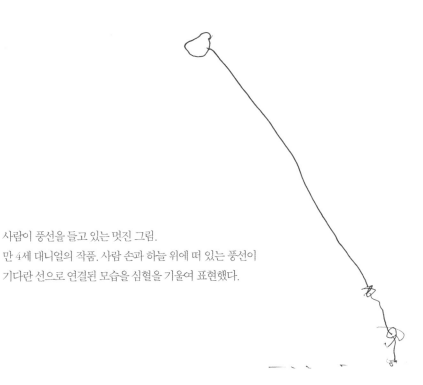

사람이 풍선을 들고 있는 멋진 그림.
만 4세 대니얼의 작품. 사람 손과 하늘 위에 떠 있는 풍선이
기다란 선으로 연결된 모습을 심혈을 기울여 표현했다.

햇살 좋은 날 거리를 걷는
두 사람을 사인펜으로 그렸다.
만 3~4세 윌라의 작품.
머리카락과 속눈썹을 강조했다.
왼쪽에 그린 들쭉날쭉한 선은
두 사람이 걸어온 길을
표현하는 듯하다.

아이들은 올챙이 인간을 융통성 있게 바라본다. 그래서 동그라미가 머리였다가, 곧 방울 같은 동그라미 전체가 머리와 몸통이 되기도 한다. 방울 한가운데에 점을 하나 찍고는 배꼽이라 할 때도 있다.

시간이 지나면 아이들은 동그라미에 선을 덧붙여 팔을 표현하는데, 머리에서 바로 팔이 뻗어 나오는 형태가 많다. 공을 차거나 풍선을 껴안는 듯, 특정한 행동을 표현하고자 할 때 더욱 그렇다. 이후에는 손가락과 발도 생겨난다. 머리카락과 옷 같은 다른 세부 사항은 대개 이 단계 후반부에 등장한다.

모린 콕스를 비롯한 연구자들은 흥미롭게도, 이 단계 아이들 대부분이 각 신체 부위가 어떻게 모여 있는지 잘 안다고 했다. 아직 선과 도형 같은 기하학적인 형태로 인간을 그리는 단계에 이르지 못했더라도, 3차원 블록 등으로 머리, 몸통, 팔다리를 차례차례 쌓아올리며 인체를 정확히 표현할 수 있다는 것이다. 빼놓은 신체 부위가 있다고 지적해주면 그 부분을 마저 그려 넣을 줄도 안다. 그러므로 아이가 올챙이처럼 그리는 것은 빠르고 쉽게 인간을 표현하기 위해서라고 볼 수 있겠다. 이때 부모는 아이가 인간 형상에 대해 이야기하도록 이끌어주어야 한다. 인간 형상을 놀랄 만큼 자세히 표현할 뿐만 아니라, 주변 사람들이 미처 놓친 세세한 부분까지 파악하는 아이도 있다.

아이는 이 발달 단계를 거치며 인간 형상을 반복적으로 그리고, 그 과정에서 수정을 거듭하고 더욱 자세히 묘사하며 점차 표현력을 키워나간다. 그러다 보면 결국 각 형상의 개성을 살릴 줄 알게 된다. 만 4세 무렵에 이른 아이들은 머리 아래 부위를 그릴 때 기하학적 특징까지 살리기도 한다. 이때 단추, 신발 끈, 지퍼와 같은 옷의 특징까지 잘 표현해낸다.

가족을 그렸다. 만 5세 니콜라스의 작품.
각 인물에게 손가락, 발가락을 5개씩 그려 넣은 세심함이 엿보인다.
가족 내 유일한 여성이자 금발인 엄마만 회색 사인펜으로 그렸으며,
나머지는 갈색 사인펜으로 그렸다.

니콜라스의 쌍둥이 형제인 만 6세 세바스티안 B.의 작품.
그림 속에서 세바스티안만 신발을 신고 있으며,
세바스티안과 아빠만 손가락을 그렸다.

만 7세 헤일리의 작품.
여자아이의 머리와 몸을 단순한 형태로 표현했다.
팔다리는 직선으로, 손과 발은 모두 동그라미로 그렸다.
머리카락만 다른 색으로 표현한 것에서 머리카락이 중요한 요소임을 엿볼 수 있다.

만 5~6세 제인의 작품들. 사인펜으로 그렸다.
제인의 말에 따르면 그림은 날아가는 사람 혹은
'사촌 더그'를 뜻한다. 두 단계로 이루어진 이 형상에는 팔과 날개가 달려 있으며
매우 독특한 머리카락, 혹은 후광을 볼 수 있다.
오른쪽 그림에는 머리와 기하학적인 팔다리가 '쌓아 올려' 있다.

대개 만 5~6세 전까지는 팔다리 두께를 표현한 그림을 찾아보기 어렵다. 본 단계의 끝자락에 이른 아이들 대부분은 머리카락, 귀, 눈썹, 이, 손가락, 발가락과 같은 다양한 특징을 그려 넣는다.

이 단계 아이들이 특히나 좋아하는 것은 초상화이다. 아이는 자신을 그리거나(자화상), 다른 사람들을 그릴 경우 보통 가족이 그 대상이 된다. 부모나 미술 교사의 얼굴을 보고 그렸든, 휴대폰으로 자가 촬영한 모습을 보고 그렸든, 초상화는 예로부터 매우 인기 있는 주제다. 여기 실린 초상화들을 살펴보며(121~125쪽) 아이마다 어떤 점을 중요히 다루고 무엇을 특징으로 파악해 그렸는지 살펴보자.

엄마를 그린 작품에는 좀 더 '여성스러운' 요소가 강조되어 있다. 머리카락, 속눈썹, 입술 따위가 그 예다(126쪽 위에서 왼쪽 그림을 보라. 아버지 모습에도 머리카락, 속눈썹, 입술을 그려 넣겠지만, 여성성을 표현할 때는 여성을 겨냥한 화장품 광고와 일맥상통한 점이 있다). 엄마를 그리며 직업을 부각하기도 한다. 특히 집이나 작업실에서 일할 때 그 경향이 더욱 두드러진다(126쪽 아래 그림을 보라).

이 단계 아이들은 상징적인 풍경화를 그리기 시작하는데(110~111쪽, 128~129쪽을 보라), 대개 집과 함께 나무, 꽃, 해 같은 평범한 것들을 그려 넣는다. 집과 건물은 상징으로 표현되며 실물을 세세히 관찰하여 그리는 경우는 드물다. 이때 나무는 그림 발달 초기 단계의 인간 형태와 비슷한 방식으로 표현된다. 나무 몸통을 하나 그리고, 몸통에서 뻗어 나온 가지를 막대기로 표현하는 식이다. 이 시기에는 대개 땅이나 하늘을 그리지 않아서 각 요소들이 지면 여기저기에 흩어져 있다.

칠판에 분필로 그린 자화상. 만 4세 안의 작품.

니콜라스(왼쪽)와 세바스티안 B. 가(오른쪽) 크레용으로 그린 자화상.
둘은 만 4~5세로 쌍둥이다. 머리카락과 옷 색상으로 둘을 구분했다.

사인펜으로 그린 웃고 있는 자화상. 만 5~6세 이자벨의 작품.
붉은 두 뺨과 주근깨, 안경을 묘사했다. 아이는 구름, 벌레, 장난감, 게임에 둘러싸여 있다.

생각 주머니를 그려 넣은 자화상.
두 팔을 들어 올리고 있다.
만 4~5세 미케일라의 작품.
'아 그렇구나!' 하고 깨닫는 순간을 묘사했다.

얼굴의 몇 요소를 모호하게 표현했으며
몇 군데는 다른 색으로 덮어버렸지만, 배경색과 표정에서 행복이 엿보인다.
만 6세 찰리 K.의 자화상.

양쪽 모두 '엄마'의 초상화로 '둥둥 떠다니는 머리'로 표현했다.
왼쪽은 만 5세 탈리아, 오른쪽은 만 5~6세 니콜라스의 작품이다.
두 그림 모두 머리카락, 긴 속눈썹, 빨간 입술처럼 '여성적인' 특징을 묘사한 것에 주목하자.

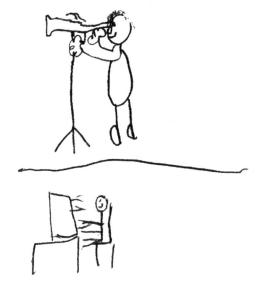

두 부분으로 이루어진
'카메라맨 엄마'와 '편집하는 엄마'.
만 5~6세 쥴리안의 작품.

만 5~6세 미케일라의 작품.
'공원에서 엄마 아빠와 함께한 즐거운 하루'.
미소 띤 얼굴, 엄마 아빠의 쭉 뻗은 팔, 해가 쨍쨍한 날과 나비까지
모든 요소가 행복한 하루를 잘 드러낸다. 부모를 독창적으로 표현했으며 옷, 신발,
머리카락, 액세서리를 세세히 관찰한 점에서, 아이가 부모의 맵시 있는 모습을 자랑스럽게
여기는 점이 드러난다. 부모와 그네를 탄 아이는 시야보다 높은 곳에 위치한 반면,
자전거는 새의 눈높이에 맞추어 표현했다.

집, 꽃, 동물을 그린 상징적인 풍경화.
만 3~4세 안나 B.의 작품.

도심 공원을 그린 만 5세 매니의 작품.
막대기처럼 표현한 나무, 구름과 무지개와 함께
뒤편에는 오벨리스크, 혹은 높다란 빌딩을 연상시키는 사물을 그렸다.

만 4~5세에 이르면 이야기를 담은 그림을 그리기 시작한다. 그 이야기는 구체적이거나, 그렇지 못하기도 하다(111~113쪽, 131쪽, 133쪽 그림을 보라). 아이는 이야기가 담긴 그림을 그리는 과정에서 문제를 해결하거나 감정을 표현할 수 있다. 어른도 마찬가지겠지만 문제나 고민을 시각적으로 표현하고 나면 이를 해결할 수 있다는 자신감이 생긴다. 또, 외부 사건이나 상황, 혹은 보고 들은 바에 대한 감정을 표현하기 위해 그림을 그리기도 한다. '내가 비슷한 상황에 처한다면 어떨까' 하고 상상해보는 식이다.

이 단계 아이들은 애써 부추기거나 동기를 부여하지 않아도 그림을 그린다. 자신과 관련 깊은 소재일수록 아이는 더욱 뜻 깊은 장면을 그린다. 로웬펠드에 따르면, 아이가 그림을 그리게 하는 가장 효과적인 방법은 자기 삶에 얽힌 사건을 떠올리도록 하는 것이다. 학교나 공원을 갔거나 생일잔치가 있던 날도 좋은 예다. 우선 아이에게 '누가', '언제', '무엇을', '어떻게', '어디서' 하였는지 질문을 하며 자세한 내용을 파악한다. '학교에 언제 갔니?', '어떻게 갔니?', '버스를 탄 거니?', '공원 가는 길에 무엇을 보았니?', '거기서 누구랑 놀았니?', '생일잔치에서 무엇을 봤니?', '특별한 음식을 먹었니?' 등을 묻는 것이다.

이 단계 아이들은 사람을 묘사하는 것을 좋아하고 각 신체 부위를 더욱 잘 인식하므로, 그 사건 속에서 아이가 어떤 행동을 했는지 묻는 것도 좋다. 아이는 '이를 닦고 있었어', '넘어져서 무릎을 다쳤어', '할아버지, 할머니 집에 갔어(이때 할아버지, 할머니를 뜻하는 가족만의 애칭을 쓸 수도 있겠다)'라 대답할 것이다.

만 5~6세 맥스의 작품. 매우 감성적이며 통찰력이 돋보인다.
올림픽 게임 시상대에 세 선수가 올라와 있는 장면을 그려
1위(금메달), 2위(은메달), 3위(동메달)를 묘사했다.
3위를 한 선수의 슬픈 표정에 주목하자.
분명 금메달을 받지 못해 실망한 모습을 표현했을 것이다.

아이에게 특별한 사건이었다면 그림으로 남겨서 그에 얽힌 감정을 표출할 수 있게 하자. 특별한 사건에는 '애완 고양이가 새끼를 낳은 날', '새 신발을 산 날', '병원에 간 날' 등을 들 수 있겠다.

만 7세 쥴리안이 그린 '이삿날'.
이사는 감정적인 사건이다. 쥴리안과 엄마가 렌터카 업체 유-하울 Us-Haul에서 빌린
트럭을 타고 다른 주에 있는 새 집으로 이삿짐을 실어나르는 모습을 그렸다.

# 7

# 4단계: 다양한 도식의 발달

이 단계에 이르면 예술적 능력이 급속도로 발달한다. 로웬펠드를 비롯한 연구자들은 아이들이 자신만의 '형태 개념'을 세운다고 했다. 형태 개념이란 시각적 상징이나 특정한 도식을 의미하는데 이는 사람, 동물, 나무, 집, 가구, 꽃, 물건, 전반적인 풍경 등, 아이를 둘러싼 환경을 이루는 모든 요소에 적용된다. 그러므로 이 시기 아이는 주변 환경에 대한 지식을 온전히 제 것으로 만든 후 그 정보를 그림 속에 담아내곤 한다.

피아제에 따르면 아이는 생각을 개념적으로 정리하기 시작하고 순서와 구조에 관심을 기울이며, 자기 삶과 주변 환경이 돌아가는 일종의 '규칙' 따위를 눈여겨본다.

동일성과 반복은 아이를 안심시키고 주변 환경에 대한 통제력을 느끼게 한다. 그래서 아이는 신속히 사소하고도 특정한 행동을 정해 일상 속에서 해나간다. 매일 같은 모자를 쓴다거나, 식사 시간에 정해진 접시나 수저만 쓰고, 매일 학교 가는 길에 우편함을 만지는 식이다. 이처럼 일상에 매일 동일한 사건이 반복되면 아이는 자신이 속한 환경에 더욱 안정감을 느낀다. 잠들기 전 꼭 정해진 순서로 똑같은 책들을 읽어달라고 하는 것도 한 예다.

마찬가지로 아이는 예술적 표현에도 동일성을 추구한다. 이 미술 발달 단계에 놓인 아이들은 주변 환경과 그에 속한 요소를 기호로 표현하곤 한다. 또한 그림을 그릴 때마다 동일한 기호를 반복적으로 사용하고 특히 집, 나무, 꽃, 무지개 따위가 자주 등장한다. 기호나 도식이 변하는 것은 아이가 특정한 행동이나 의미를 표현하려고 할 때뿐이다.

말키오디를 비롯한 연구자들은 이 단계 아이들이 사용하는 기호가 대부분 비슷한 모습을 띤다고 지적했다. 박스 모양 집에는 네모난 창문이 달려 있고 지붕은 뾰족하며, 갈색 나무 몸통에 달린 잎사귀는 구름 모양이고, 꽃은 사탕이나 지그재그로 튤립 모양을 그리며, 대개 무지개도 꼭 포함된다. 광선을 뿜어대는 노란 태양도 빼놓을 수 없겠다.

베티 에드워즈는《오른쪽 두뇌로 그림그리기Drawing on the Right Side of the Brain》(강은엽 역, 나무숲, 2015)에서, 어릴 때 어떤 식으로 풍경을 그렸는지 떠올린 다음 그대로 그려보라고 지시한 일화를 설명했다. 그 결과, 어느 지역에서 자랐든 거의 모두가 만 5~6세에 그렸던 풍경을 떠올렸고 대개 땅, 하늘, 태양, 집을 의미하는 기호가 포함되어 있었다. 직사각형 모양에 삼각형 지붕과 사각형 창문이 있는 집이었으며, 창문에 커튼이 달려 있거나 울타리, 연기가 피어오르는 굴뚝, 새 몇 마리, 뾰족한 산, 문과 이어진 작은 길을 그리는 경우도 있었다. 또, 모든 참가자가 문에 문고리를 그렸다. 실제로 베티 에드워즈는 문고리가 없는 아이의 그림을 본 적이 한 번도 없다고 했다. '문고리가 있어야 집 안에 들어갈 수 있기 때문'이다(아파트나 중세 성, 농장과 같은 거주지에도 문고리는 있기 마련이다).

만 3~4세 레일라의 작품. 공중에 떠 있는 집을 그렸다.
땅에는 사탕같이 생긴 꽃들이 한 줄로 늘어서 있고, 그 위에는 행복한 환경을 상징하는
하트가 떠다닌다. 집 중앙에 놓인 하트는 평행하게 배치된
4개의 창문에 둘러싸여 있으며, 작은 문 위에는 손잡이가 달려 있어서
집 안으로 들어갈 수 있게 되어 있다.

만 5세 세실리의 작품. 꽃이 땅에 한 줄로 피어 있는 풍경을 그렸다.
행복을 의미하는 별, 하트, 꽃 문양이 공중에 떠 있다.

만 6세 니콜라스의 작품. 땅 위에서 축구하는 자신을 그렸다.
위쪽에는 태양과 하늘이 보인다. 팔다리가 올바른 위치에 달려 있으며
두께감을 표현하였다. 빈 공간을 향해 공을 차는 한쪽 다리를 심혈을 기울여 표현했다.

만 6세 메리의 작품.
미술 시간에 교사의 도움을 받아 뉴잉글랜드 지역에 위치한 '3층집'을 묘사했다.
집들은 저마다 지붕, 굴뚝, 창문, 문과 문고리를 상징하는 기호로 장식되어 있다.

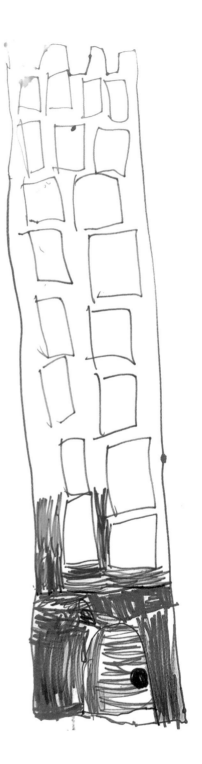

미완성 작품이나 독창성이 드러나는 그림이다.
집의 필수 요소인 창문,
문과 문고리가 달린 뉴욕의 아파트를 그렸다.
만 5세 매니의 작품.

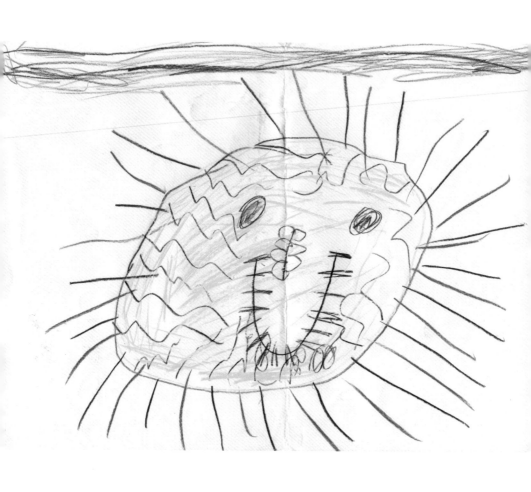

미소 짓는 태양이 뜨겁게 타오르며 창공에 선을 내뿜고 있다.
위쪽에는 하늘을 의미하는 경계선을 그었다. 만 5~6세 탈리아의 작품.

그림 속 기호는 늘 단순하고 큼직하며 직설적이다. 또한 그림 속 모든 요소가 완벽히 배치되어 종이를 꽉 채우고 있다. 베티 에드워즈는 아이들이 그림을 그릴 때 각 요소를 '정확한' 지점에 배치하며 매우 만족한다는 사실을 발견했다. 아이는 스스로 그림이 완성되었다고 인정할 때, 더 이상 덧붙일 것이 없다고 느낄 때 매우 기뻐한다.

만 6세 아이들은 보통 깊이를 묘사할 줄 모르므로 사물을 평평하게 표현하며, 서로 겹치게 그리는 경우는 매우 드물다. 그림 위쪽의 파란 선과 맨 아래 초록 선은 각각 하늘과 땅을 뜻한다. 그 사이는 보통 공중이라 여긴다. 아이들은 거의 모든 요소를 종이 맨 밑바닥에 딱 붙여서 그리거나 땅을 의미하는 초록 선 위에 배치한다. 그러나 각별히 중요한 사건을 그릴 때면 그 전형적인 도식에서 탈피하기도 한다.

로웬펠드는 이러한 '주관적인 공간 표현subjective space representations'을 발견했다. 그는 서 있어야 할 것들을 마치 넘어뜨린 듯 누워 있거나 뒤집힌 형태로 그리는 경우, 이를 '전개도식 표현folding over'이라 칭했다.

땅을 뜻하는 선을 긋는 대신 사람을 원형으로 배치하는 경우도 있다. 여러 시점을 적용해 식탁에 둘러앉은 모습을 그리는 것이 그 예다. 간혹 3차원을 표현하고자 실제로는 가려져 보이지 않는 부분까지, 식탁 다리나 자동차 바퀴 4개가 모두 보이도록 그리는 아이도 있다. 한 그림 속에서도 어떤 요소는 공중에서 내려다보는 시점으로 표현하는 동시에, 다른 요소는 대상과 동일한 높이에서 바라본 것처럼 그리기도 한다.

아이가 이 단계에서 한 걸음 더 나아가면 기준선을 두 개 그려서 원근법을 시도한다. 혹은 다른 사물보다 위쪽에 배치하여 멀리 떨어진 모습을 표현하거나, 마치 '엑스레이x-ray 촬영'처럼 실제로는 보이지 않는 안쪽과, 바깥쪽을 동시에 보여주기도 한다. 시간이 흐르며 함께 일어나는 일을 묘사하려는 아이도 있다. 한 인물이 공을 차려고 발을 뻗은 모습과, 공이 공중으로 날아가는 장면을 모두 표현한 것을 예로 들 수 있겠다. 또, 중요하다고 생각하는 대상은 크게 그리기도 한다.

이 단계 아이들은 대개 자신이 그리고 싶어 하는 대상이 분명하다. 그러나 로웬펠드와 브리튼은 아이에게 그림 소재를 지정해주는 것도 좋다고 밝혔다. 또한 아이가 진부한 소재만 그리지 않도록, 자신이 직접 체험한 바를 그리는 동시에 다양한 도식을 활용하도록 이끌어야 한다고 했다. 이때 '나'나 '우리'로 문장을 시작하여 행동을 제시한 후, '어디서'를 덧붙이면 된다. 예를 들어 이런 문장들로 표현할 수 있겠다.


우리는 스케이트를 타러 연못에 갔어.
우리는 공원에서 자전거를 타고 있어.
나는 철물점에서 아빠와 함께 쇼핑을 했어.


아래와 같은 주제를 제시하면 아이가 3차원 표현을 시도하도록 이끌 수 있다.


나는 소파에 앉아서 친구들이랑 슈퍼마리오 게임을 했어.

만 6세 쥴리안의 작품, '라크로스Lacrosse 하는 나'.
경기장과 골키퍼는 공중에서 내려다본 모습으로 그렸으며,
미드필더는 정면에서 바라본 시점이 적용되어 있다.

언제 그리는가

만 6세 줄리안의 작품, '나중에 크면 집 안에 중국 음식점이 있는 곳에서 살고 싶어'
차고로 향하는 길, 바퀴가 4개 달린 차가 보인다. 전형적인 집, 문, 필수 요소인
문고리를 뜻하는 기호도 그려 넣었다. 거리감을 표현하고자 땅을 뜻하는 선을
여러 개 그었다. 가장 멀리 떨어진 차고를 위쪽에 그려서 원근법을 표현했다.

새해에 친척들이 모두 우리 집에 모였어.


시공간 표현에 대한 융통성을 길러주고 싶다면, 아래처럼 자녀와 다양한 요소가 결합된 주제를 나누어보자.


우리는 과자를 구워 먹었어.
우리는 퍼레이드를 보았어.
우리는 과학박물관에 놀러 갔어.


로웬펠드와 브리튼은 아이가 색을 선택하는 데 융통성을 발휘하도록 하려면, 직접 겪은 일을 소재로 삼되 그리는 과정에서 자연스레 여러 색을 떠올릴 수 있도록 하라고 조언했다. 아래가 그 예다.


우리는 마당에서 단풍잎을 쓸어 모았어.
내 어항에 새로운 물고기가 생겼어.
나는 햄버거에 머스터드소스와 케첩을 뿌리는 걸 좋아해.


또한 다음과 같은 주제를 제시하면, 아이는 감정적 경험을 다양한 시각에서 바라볼 수 있다.


우리는 강아지를 동물병원에 데리고 갔어.

새로운 집으로 이사했어.

이어 로웬펠드와 브리튼은 꿈이나 공상처럼, 아이에게 진한 감정을 불러일으킨 중요한 사건도 다루어보기를 추천했다.

무서운 꿈을 꿨어.
내가 만일 세계에서 제일 부자라면?
내가 야생동물이 된다면?
하루 동안 내가 원하는 모든 일을 할 수 있다면?

위 소재는 아이로 하여금, 그림을 통해 강렬한 감정을 긍정적인 방식으로 표출할 수 있게 한다. 아이가 이런 소재로 그림을 그릴 때에 부모와 교사는 도덕적 잣대를 제시하지 않도록 각별히 주의해야 한다.

만 5세 다비드의 작품.
마치 엑스레이 촬영처럼 소방차 안과 밖을 모두 묘사했다.

# 8

# 5단계: 사실주의

이 단계 아이들은 어른들로부터 한층 더 독립하고자 하며, 전보다 더욱 개인적이고 주관적으로 사회 구조를 파악하려 한다. 또, 어른들에게서 독립하면 할수록 또래 집단에 속하려는 욕구도 강해진다. 말키오디에 따르면 이 연령대 아이는 자기중심적 사고에서 벗어나 다른 이의 생각, 감정, 의견에 귀를 기울이기 시작한다. 그렇게 인간관계와 상호의존성을 깨달아 조직 내에서 소통하는 법을 배워가는 것이다. 그뿐만 아니라 자기 작품과 다른 사람이 그린 그림을 비교하기 시작하고, 자기 그림을 훨씬 더 비판적으로 바라본다. 이 시기는 주위 환경을 파악하는 능력도 발달한다. 그러므로 전 단계에서 사용하던 기호를 비롯해 철저히 고수해온 도식에 의문을 품게 되며, 최대한 실물에 가깝게 그리려고 한다.

로웬펠드는 이 단계를 또래 집단기Gang Age 라 칭했고 베티 에드워즈는 이 시기를 다시 두 단계로 구분했다. 첫 번째 단계는 복잡성 단계Stage of Complexity로, 대략 만 9~10세에 시작된다. 그러다 만 10~11세 즈음이면 사실주의 단계Stage of Realism에 접어든다.

복잡성 단계에 있는 아이들은 전보다 더욱 섬세하게 그리고자 노력한다.

만 6세 올리비아의 작품.
빨간 꽃과 꽃꿀을 먹는 벌새를
나무 위의 둥지와 새보다 훨씬 크고 비율도 맞지 않게
그림으로써 중요도를 표현했다.

이때 최대한 사실적으로 묘사하는 것을 목표로 한다. 전 단계에서는 사물을 어디에 배치해야 하는지 고민했다면 이제는 형태에 큰 관심을 기울이는 것이다.

이 단계가 되면, 사물을 겹쳐 그리거나 특정 사물을 작게 그려서 거리감을 표현한다. 이때 자주 그리는 장면은 유리병 속 물체, 물속 풍경, 유리창을 통해 본 풍경 등이다. 투명도를 표현하는 것인데, 아이는 자신이 사물을 '진짜처럼' 그릴 수 있는지 시험한다. 투시나 원근법을 활용하여 어른이 봤을 때 훌륭해 보일 만한 그림을 그리려는 아이도 있다.

전 단계에서는 사물을 납작하게 표현했으나, 이제는 사물의 깊이와 3차원적 입체감을 표현하기 시작한다. 보통 이 단계에 이르면 전 단계에서 땅을 나타내기 위해 그림 아래쪽에 그었던 선을 찾아볼 수 없으며, 하늘이 수평선까지 내려온 모습을 표현하기 시작한다.

실제와 비슷한 색을 고르는 능력도 한층 발달하여, 전 단계에서 오직 초록색으로 스웨터를 칠했다면 이제는 푸르스름한 초록, 노르스름한 초록, 어두운 초록, 밝은 초록 등으로 색깔을 표현한다. 이처럼 이 단계에서는 색과 형태 표현이 실제와 비슷해지기는 하나, 정말 비슷하게 그리려면 아직 멀었다. 로웬펠드는 아이가 사물을 세세히 관찰하여 그리기보다는 대상의 특징을 살

한쪽만 투명한 꽃병.
다른 한쪽은 불투명한 모습이며 그림자도 표현했다.
사인펜과 연필로 그린 만 10세 안나 B.의 작품.

려 그리기 때문에 실제와 달라 보인다고 했다. 세세한 묘사가 더해갈수록 그림이 더욱 경직되고 즉흥적인 표현이 줄어든다.

또한 인간 형상은 저마다 다르게, 훨씬 더 자세히 표현된다. 무엇보다 머리카락, 체형, 옷을 비롯해 성별을 드러내는 특징을 그리기 시작한다. 이 시기에 이르면 성별에 따라 그림의 특징도 달라지는데, 이는 문화적 영향이라 보아야 할 듯하다.

남자아이들은 대개 경주용 자동차부터 상상 속 자동차까지, 온갖 차들을 그린다. 전투 장면이나 우주, 로켓, SF 영화에 등장하는 무기, 수염 난 해적, 바이킹, 옛이야기 속 영웅, 슈퍼히어로, 텔레비전이나 영화, 만화, 유명한 스포츠 선수, 공룡, 괴물도 남자아이들이 즐겨 찾는 소재다. 반면, 여자아이들은 그보다 '평온'할 법한 소재를 주로 고른다. 화병에 꽂힌 꽃, 아름다운 풍경, 말, 유니콘, 화려한 머리모양과 긴 속눈썹, 잘록한 허리와 조그마한 발을 뽐내는 패션모델이나 가수가 단골 소재다. 오늘날에는 텔레비전, 만화, 영화 속에서 여성도 주인공으로 등장하며 슈퍼히어로처럼 중요한 역할을 맡고, 유명 연예인들도 그러한 견해를 드러낸다. 그래서 예전에는 남자아이들만 택했던 그림 소재에 여자아이들도 관심을 기울이고 있다.

$\longrightarrow$

만 10세 에디의 작품.
상상 속 괴물을 그리고 색칠했다.

만 12세 제이미의 작품.
애니메이션 〈드래곤볼〉의 주인공인 손오공을 연필로 그렸다.

폭스바겐 비틀을 직접 보고 그렸다.
만 9세 파트리시오의 작품.

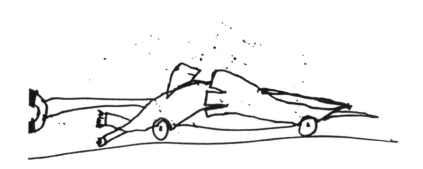

노트북 컴퓨터에 상상 속 '빠른 자동차'를 그렸다.
만 6~7세 찰스 T.의 작품. 향상된 그림 실력이 엿보인다.

만 9~10세 줄리안의 작품, '새 집에 꼭 맞는 정원 디자인'.
공중에서 내려다본 시점에서 그렸다(조감도).
나무와 새 모이통은 정면에서 바라본 모습이다.

사춘기에 접어들면 신체와 용모에 과한 관심을 쏟는다. 사춘기가 오기 직전에는 얼굴을 유심히 관찰하는데, 그동안 그려온 방식에 만족하지 못하고 더욱 자세히 관찰하여 아주 세세한 부분까지 표현하려고 한다. 그래서 이 시기에는 얼굴과 신체를 자주 그리며, 이는 아이들에게 굉장히 어려운 도전이기도 하다.

이 시기 아이들은 머리카락과 옷을 실제와 비슷하게 표현하기 위해 오랜 시간 공을 들인다. 이때 사진을 보고 그리기도 한다. 주로 자기 모습이나 친구를 그릴 때 그러하다. 안타깝게도 사진을 보고 그리다 보면 지금껏 길러온 아이의 관찰력이 떨어질 수 있다. 그러다 자칫 자신의 그림에 실망해버리면, 그림은 제쳐두고 리얼리티 애플리케이션에 빠져들기도 한다.

하워드 가드너는 《예술, 정신 그리고 뇌Art, Mind, and Brain》에서, 아이가 만 6~7세에 접어들면 현실 세계에 대한 관심이 눈에 띄게 많아진다고 밝혔다. 이 연령대 아이들은 전통적인 기법으로 그린 옛 그림을 선호하는데, 현대 미술 작품보다는 이전 시대 그림들이 실물과 비슷한 사실주의적 표현 기법으로 그렸기 때문이다. 그래서 그림보다 사진을 훨씬 더 좋아하는 아이들도 있다. 전통 회화보다 사진이 실물에 가까운 것이 당연지사다. 이처럼 하워드 가드너는 30년도 더 전에 이 시기 아이들의 선호도를 밝혀낸 것이다.

이제는 아이들도 언제 어디서나 휴대폰으로 카메라를 사용할 수 있으며 누구나 온라인에서 사진과 비디오를 공유하는 시대가 왔다. 이러한 매체로 말미암아, 그림을 그려 누군가의 얼굴을 남기거나 본다는 의미 자체가 퇴색되어버렸다.

패션에 초점을 맞추어 그렸다. 만 10세 아스트리드의 작품.
가늘고 기다란 몸에 세련된 옷차림을 한 '모델들'(왼쪽)과 '친구들'(위)을 그렸다.
'친구들' 중 오른쪽에서 두 번째 그림에는 그리다 말고 지우려 한 흔적이 보인다.
아마 다른 옷을 입히고 싶었거나 비율이 맞지 않았기 때문일 것이다.

사춘기 직전 아이들은 애니메이션 캐릭터나 만화책, 영화, 신문에 실린 등장인물을 실제 사람보다 더욱 쉽게 그린다. 손으로 그렸든 컴퓨터를 활용했든, 이런 캐릭터들은 대개 한껏 과장되고 이치에 맞지 않은 모습이기 때문이다. 그래서 아이들 입장에서는 캐릭터를 그릴 때 그림 실력에 대한 걱정을 덜수 있겠다. 물론 개중에는 자신만의 캐릭터를 창조하거나 이미 나와 있는 캐릭터를 그대로 따라 그리는 아이도 있다.

이 시기 아이들은 더 이상 그림을 즉흥적이고 자유롭게 그리지 않는다. 베티 에드워즈에 따르면 사춘기는 예술성에 위기가 찾아오는 시기이다. 그림 실력이 아이가 세계를 다각도로 인지하는 능력에 미치지 못하기 때문이다.

몇 연구자들은 어린아이들이 보이는 그대로 그리고 싶어 하거나 '정확하게' 그리려 애쓰다 보면 자기 그림을 지나치게 비판적으로 바라보거나 실망하게 된다고 지적했다. 그러다 자기가 그린 그림을 아무 생각 없이 비판하는 이야기를 듣거나, 좋은 방향으로 이끌고자 한 말이라도 오해해버리면, 대부분 그림 그리기를 아예 포기한다.

이 순간 그림은 '감정을 표출하는 가장 적합한 도구'로서 자리를 내려놓게 된다고 일부 학자들은 말한다. 학자들은 대부분, 아이가 그림을 포기하는 이

---------→

만 10세 이사벨의 작품.
잘 차려 입은 소녀를 그렸다.
표현하기 굉장히 까다로운 손까지 그렸다.

아이들은 왜 그림을 그릴까

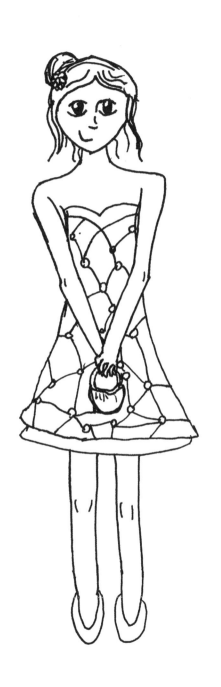

유로 중고등학교에서 제대로 된 미술 수업을 받을 수 없다는 점, 부모 또한 미술을 그다지 중요하지 않은 과목으로 여기거나 전망이 좋지 않은 분야라 치부하는 점을 뽑았다. 이유야 어찌 되었든, 부모나 교사의 동기부여가 없다면 아이의 그림 발달은 이 시기에 멈춘다. 그리고 어른이 되어서 그림을 그리더라도 바로 이 사춘기가 오기 전 단계에 그리던 방식을 대부분 고수한다. 물론, 어른이 되어 그림을 그리려는 순간이 온다는 전제 하에서다.

------→

만 10세 마리나의 작품,
'벌거벗은 여자들의 가든파티'.
수업 시간에 본 앙리 마티스의 그림 〈금련화와 춤〉과
교내 성교육에서 영감을 받았다.

만 10~11세 재즐린의 자화상.
오른쪽 아이는 울고 있다. 할머니, 할아버지가
더 이상 강아지를 돌볼 수 없어서
다른 곳으로 보내야 하기 때문이다.

←

만 10세 안나 B의 작품.
사인펜으로 자화상을 그렸다.
두 눈을 화려하게 표현했다.

만 10세 이사벨이 연필로 그린 자화상.
양옆으로 뻗은 팔보다 얼굴 특징과 하트 목걸이를 더욱 중요히 묘사했다.

만 12세 베아트리스의 작품, '내 친구 마리아의 초상화'.
얼굴 각 요소에 올바른 비율을 적용하고
적재적소에 놓이도록 기준선을 그렸다.

만 10세 아스트리드의 자화상. 윤곽선만 따서 그렸다.
콧구멍과 눈꺼풀 표현하려 했다.

만 8세 탈리아의 자화상.
활짝 웃는 모습을 연필로 그렸다.

만 10세 파트리시오가 그린 초상화, '테라스에 앉아 있는 엄마'.
손 모양과 팔찌, 귀걸이, 손에 놓인 선글라스 등, 액세서리를 표현했다.
테이블 위에는 다양한 물건이 놓여 있다.
모두 심혈을 기울여 관찰한 결과다.

만 8세 미케일라가 유화 화판에 그린 '아빠의 초상화'.

# 어떻게 그리는가

만 10세인 오웬이 동물을 그리고 있다.

# 1
# 마음껏 그릴 수 있는 환경 만들기

아이는 창의적으로 자신을 표현하며 매우 큰 만족을 느낀다. 어떤 비난을 받을지도 모른다는 두려움 없이, 마음속에 있는 그대로 표현할 수 있다면 더욱 그렇다.

아이들에게는 천부적으로 그림을 그리려는 욕구가 있다. 아주 어릴 때 형성되는 그림에 대한 태도가 평생의 창의성에 영향을 미친다. 램버트 브리튼은 '아이들이 외부 세계로부터 아무런 간섭 없이 성장할 수 있다면, 굳이 동기를 부여하지 않아도 스스로 창의적인 활동을 시작할 것이다. 그러면 모든 아이들이 아무 거리낌 없이, 본능 깊이 내재된 창의적 욕구를 자신 있게 표출할 것이다.'라고 말했다.

할로윈 무렵이면 일부 교사들은 수업을 조금이라도 예술적으로 꾸며보고자, 아이들에게 밑그림이 그려진 종이를 나누어주고는 모두가 같은 종이를 색칠하고 잘라내게 한다. 그렇게 모두가 마치 복제한 듯한 미소 띤 호박등Jack O' lantern을 만들어내는 것이다. 좋은 의도인 것은 분명하나 매우 안타까운 일이기도 하다. 애초에 이를 만들려고 한 것은 호박을 멋지게 꾸며보자는 게 아니었던가? 심지어 쌍둥이라 하더라도 옆 사람과 똑같은 방식으로 자신을 표현하지는 않는다. 그래서 그림을 그리면 아이마다 개성이 잘 드러나는 것이다.

자녀에게 그림을 그리도록 장려하면 창의력을 길러줄 수 있다. 아이는 그림을 그리는 동안 상상하고, 탐구하고, 실험하고, 발명하고, 공상에 잠긴다. 그리고 그 과정 속에서 자신감을 얻는 동시에 주변 환경을 더 잘 이해할 수 있다.

무언가 억지로 시킨다는 죄책감 없이도, 부모는 자녀가 생각과 감정을 표현하도록 이끌 수 있다. 아이에게 그림을 그릴 수 있는 공간과 재료, 시간을 제공하고 올바른 태도를 일러주면 된다. 아이는 자유롭게 그림을 그리며 새로운 문제 해결 방식을 시도할 것이다. 그 과정에서 자신만의 경험을 시각화하는 방법도 터득하게 된다.

## 2

# 아이를 위한 가구와 공간 마련하기

**넓은 장소가 아니어도 좋다**

때때로 '공간'이란 물리적인 장소 그 이상을 의미한다. 넓은 집에 산다면 작은 아파트보다는 자녀에게 그림을 그릴 공간을 마련해주기 좋을 것이다. 그러나 공간의 크기는 생각보다 중요하지 않다. 창의적인 작품 활동을 할 수 있도록 공간을 마련했다는 것 자체로도, 자녀에게 존중한다는 느낌을 줄 수 있기 때문이다.

이탈리아 북부에서는 미술 교사 레조 에밀리아Reggio Emilia가 만든 유아용 미술 프로그램이 각광받고 있다. 이 프로그램에 따르면, 그림을 그리는 공간은 전반적인 학습 환경의 한 부분이다. 그래서 레조 학교Reggio school에는 모든 교실마다 화실이라 불리는 공간이 따로 마련되어 있다. 화실이 가까이 있으며 언제나 그림을 그릴 수 있다는 사실 자체가, 미술교육의 중요성을 강조한 레조 에밀리아의 철학을 상기시킨다.

레조 에밀리아의 성공 사례와 마찬가지로, 아이가 집에서 그림을 그릴 공간은 깨끗하게 정돈되어야 하고 충분히 밝은 동시에 언제든 접근할 수 있는 곳이어야 한다. 이때 공간은 다른 곳보다 시각적 자극이 덜하도록 꾸미자(오늘날 사회 속에서 생활하는 것 자체만으로도 아이는 이미 시각적 자극을 충분히 받고 있다. 하루 종일 텔레비전, 인터넷, 각종 애플리케이션, 유튜브, 게임에 노출되는 것은 말할 것도 없다). 포스터를 붙이거나 장식품을 진열하여 이 공간을 예술적으로 꾸미려는 경우도 있는데, 부모는 이런 욕심을 내려놓아야 한다. 절제된 공간에서 그림을 그려야 상상력, 탐구력, 실험 정신을 발휘할 수 있기 때문이다. 믿기 어렵다면 단순함을 추구한 가장 현대적인 건축가 루트비히 미스 반 데어 로에Ludwig Mies van der Rohe의 명언, '적을수록 좋다Less is more'를 곱씹어보자.

### 이젤을 준비하자

책상, 테이블, 의자, 이젤 등 어린이용 가구는 온라인 쇼핑몰, 대형 할인점, 중고 용품점에서 손쉽게 구매할 수 있다. 또, 기다란 식탁의 구석진 곳이나 안쪽으로 파인 벽면 등을 그림을 그리는 공간으로 지정해도 좋다. 중요한 것은 아이가 그 공간을 편안하게 느끼느냐다.

어른용 의자는 아이에게 불편할 수 있으므로, 아이가 작은 무릎을 뉘일 수 있게 단단한 쿠션을 하나 더 얹어주자. 종이가 깔린 테이블 위에서 아이가 손과 팔을 자유롭게 움직일 수 있도록 말이다.

아이는 이젤에 그림을 그리며 마치 황홀한 모험을 하는 듯한 기분을 느낀다. 거대한 화면을 굵은 필체로 색칠할 수 있기 때문이다. 이젤을 이용하면 아이는 더 큰 동작을 할 수 있고 팔을 휘두르는 범위가 넓어지므로 근육도 자라난다. 또, 일어서서 그림을 그리는 것은 새로운 체험이며 다양한 시점에서 그림을 바라볼 수 있기에 아이의 흥미를 자극한다.

루비, 시빌, 리의 놀이 시간.
미술 책상에 둘러앉았다.

만 2세 7개월경 시빌이
크레용으로 선을 다채롭게 그리는 모습.
수직으로 세워둔 이젤에 커다란 종이를 두면 아이가 여러 각도에서
그림을 그리므로 팔을 다양한 방향으로 움직일 수 있다.

아이에게는 단단하면서도 양쪽 면을 쓸 수 있고, 바닥에 세워둘 수 있는 이젤이 좋겠다. 물론 높이도 알맞아야 아이가 편안히 그림을 그릴 수 있다. 양쪽으로 글씨를 쓸 수 있는 이젤은 두 아이가 마주보며 동시에 작업을 할 수 있어 소통할 기회가 된다.

분필로 그림을 그리거나 물로 붓터치를 연습할 수 있고, 맞은편은 화이트보드와 전용 펜으로 구성된 이젤도 있다. 두루마리 종이를 사용해야 하는 이젤이 있는가 하면 낱장을 큰 집게로 고정하는 이젤도 있다. 대개 이젤에는 물감이나 물통을 놓을 수 있는 선반이 달려 있지만, 굳이 이곳에 놓아두지 않아도 된다. 아이에게는 이젤 경사면에 색칠할 수 있을 정도로 긴 붓 하나만 쥐어주면 충분하다.


**아이라면 어지르기 마련이다**

아이들은 부모가 아주 조금이라도 신경이 곤두서 있으면 바로 눈치채버린다. 옷, 바닥, 가구에 물감이나 얼룩을 묻힐까 걱정하거나 부드러운 나무 표면에 펜이나 뾰족한 연필로 자국을 남기는 건 아닐지 염려한다면, 아이는 그 즉시 알아차린다. 당연한 이야기지만 그런 상황을 미리 방지하는 것은 어른인 부모의 역할이다. 이를 대비해두면, 아이는 그림 그리기를 행복하고 긍정적인 체험으로 받아들이며, 계속해서 그림을 그리고 싶어 한다.

좀 더 현실적으로 이야기하자면, 아이라면 무언가 흘리고 어지르기 마련이다. 부모가 화장실에서까지 아이를 지켜볼 수는 없는 노릇 아닌가? 이 점이 심히 걱정된다면 미끄럼 방지 매트, 깨끗한 천, 집 안에 굴러다니는 오래

된 셔츠를 준비해두자. 아이에게 물로 지워지는 그림 도구를 주면 얼룩이 생기더라도 곧 없앨 수 있다. 테이블에 연필 자국이 나는 것을 막으려면 그림용 판자나 하드보드지, 낡은 잡지 따위로 만든 판에 종이를 고정시키면 된다. 경험이 쌓일수록 더 좋은 방법이 떠오를 것이다.

어린 시절 그림을 그리고 색칠하는 것은 언제나 즐거운 경험이었다. 다만 왜 어른들이 흠잡을 데 없이 깔끔한 행주와 새 티슈를 더럽히며 내 손과 옷을 닦아대는 것인지 이해할 수 없었다. 그냥 옷에 손을 쓱쓱 문지르는 게 훨씬 편했으니까. 잭슨 폴록Jackson Pollock*의 청바지가 좀 더러운들 누가 나무랄 수 있겠는가? 물론, 난 어린아이였기에 빨래를 할 필요 없었다.

### 사적인 영역을 지키고 싶어 하는 아이라면

너무나 당연하게도, 아이는 조금 더 나이가 들면 자기표현력을 발휘하는 순간을 더욱 사적으로 여기기 마련이다. 대개는 그림을 평가받거나 비교되는 것을 두려워하기 때문이다. 그래서 아무도 보지 않는 곳에서 새로운 아이디어와 기법에 도전하기도 한다. 그 그림이 학교 숙제든, 슈퍼히어로의 현란한 옷차림이나 사악한 악당이든, 조금 성숙한 아이라면 자기 방이나 사생활을 간섭받지 않는 곳에서 그림을 그린다. 이 아이들에게는 맨소나이트Masonite 사에서 출시한 크고 가벼우며 튼튼한 스케치판을 추천한다. 가지고 다니면서 그림을 그릴 수 있을 뿐더러 언제 어디서든 온갖 자세로 사용할 수 있다. 의

---

\* 미국을 대표하는 추상표현주의 작가. 형상이 표현된 그림이 아닌, 물감을 끼얹고 튀기고 쏟아부으며 몸 전체로 그려내는 '액션 페인팅'을 선보였다.

사춘기 직전인 만 10세, 이사벨의 작품.
자신과(오른쪽) 두 친구를 그렸다.
세 명 모두 굉장히 여성스러운 머리 모양과
멋스러운 옷과 신발을 뽐내고 있다.

벨기에 만화 캐릭터 틴틴Tintin을 그렸다.
동그란 얼굴과 앞머리를 잘 살렸으며 틴틴을 여자아이로 묘사한
기발함이 돋보인다. 사춘기 직전 만 10세 마리나의 작품.
아래쪽에는 춤을 추는 듯한 사람을 그렸다.

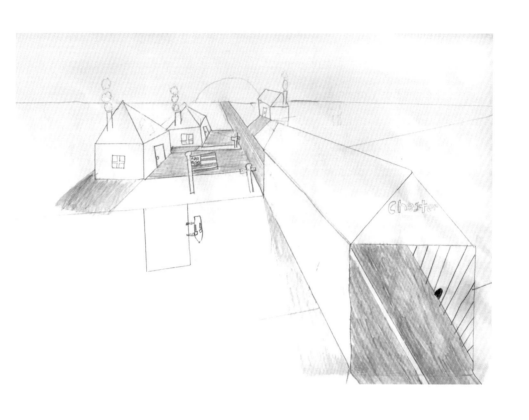

1점 투시법으로 작은 마을을 그렸다.
만 9~10세 줄리안의 작품. 각 점이 수평선에서 하나로 맞물려야 한다는 것을
이해하고 있으나 아직은 완벽히 구현될 수 있도록 연습하는 단계다.

자에 앉아서, 엎드려서, 침대 위에서 몸을 둥글게 말고, 혹은 온 가족이 여행을 떠날 때 차 뒷좌석에서 한쪽 무릎을 세운 채 그리는 것까지, 다양한 상황에서 활용할 수 있다.

### 티 내지 않고 지켜보기

마지막으로, 그림을 그리는 장소에서 안정감을 느껴야 자유롭게 실험을 거듭하며 감정을 표출할 수 있다. 그래야 다른 이들과 함께 나누거나, 혼자 간직하고픈 작품을 완성할 것이다.

어린아이들은 대부분 부모가 항상 가까운 곳에 있기를 바란다. 사인펜 뚜껑을 열기 어렵거나 이젤에 새 종이를 설치해야 할 때에 더욱 그렇다. 그런데 어른이 지켜보고 있다는 사실을 인지하면 그림 주제를 바꾸어버리는 아이도 있다. 어른이 원하는 것을 그려야 한다고 생각하기 때문이다. 너무 드러내놓고 지켜보면, 아이는 그 시선을 매우 의식한다. 그러므로 부모는 티 내지 않고 아이가 부담을 느끼지 않은 선에서 지켜보도록 해야 한다. 이러한 기술은 아이가 그림을 그릴 때뿐 아니라 다른 상황에서도 유용할 것이다.

만 8세 보아즈가 스케치북에 그림을 그리고 있다.

# 3

# 어떤 도구를 고를까

초등학생 시절, 새로운 학년으로 진급할 때마다 새 크레용 세트를 받으며 느꼈던 짜릿함을 기억하는가? 너무 좋아서 무엇이든 특정한 색으로만 칠했던 독자도 있을 것이고, 너무 아끼는 색이라 특별한 그림에만 사용한 독자도 있을 것이다. 새 크레용 가운데 하나를 처음으로 부러뜨렸을 때 그 저릿한 아픔은 또 어떤가?

어른이라면 누구나 어린 시절, 크레용에 얽힌 가슴 설레거나 슬픈 추억이 있다. 지금껏 들은 가장 슬픈 이야기는 늘 학급에서 가장 키가 큰 남자아이였던지라, 공용 크레용을 가장 나중에 써야만 했다는 사례였다. 그는 55년도 더 지난 지금도, 앞줄에 선 아이들이 회색과 검정색을 모두 가져가버려서 다람쥐를 '밝은 주황색으로 칠할 수밖에 없던' 일에 열변을 토하곤 한다!

그러므로 아이에게 장소뿐 아니라, 흥미를 자극하면서도 나이에 맞고 품질이 좋은 도구를 마련해주어야 한다. 그럴수록 아이는 더욱 큰 열정을 느끼며 그림으로 자신을 표현할 수 있을 것이다.

## 무독성 제품인가

안전한 그림 그리기를 위해 반드시 짚고 넘어가야 할
점이 있다. 부모라면 누구나 알겠지만, 유아에게 크레
용을 주면 가장 먼저 입속으로 가지고 갈 것이다. 어린
이용 그림 재료를 살 때에는 반드시 '무독성' 표기가 되

무독성 제품을 보증하는
AP 마크

어 있는지 확인해야 한다. 미국산 제품에 예술 재료 협회Art and Creative Materials
Institute(ACMI)의 AP(승인 제품) 마크가 붙어 있다면 전문 연구진이 무독성으로
판정한 제품이라는 뜻이다.

지나가는 선생님을 붙잡고 물어보라. '어린이용'으로 나온 풀, 물감, 사인
펜, 색연필 같은 그림 재료는 그 향이 지나치게 좋아서 아이들이 너무나 맛보
고 싶어 한다는 사실을 알게 될 것이다. 유아의 미술 작품 블로그를 운영하는
사람들은 반대하고 나서겠으나, 이것이 바로 아이가 미술 재료와 식자재를
혼동하게 해서는 절대로 안 되는 이유다. 그러니까 사과 소스, 푸딩 따위로
그림을 그리게 해서는 곤란하다.


## 크레용

괜찮은 어린이용 미술 재료가 너무 많아도 부모는 혼란스럽기 마련이다. 화
방을 직접 방문한다면(어디든 미술 재료를 판매하는 곳이라면) 아마 아이와 함께
다양한 재료를 살펴보느라 꽤나 시간을 들여야 할 것이다. 종이 묶음 구경,
사인펜 같은 그림 도구 테스트 등, 선택해야 할 일들이 정말 많기 때문이다.
이런 활동에 익숙지 않은 사람도 있겠으나, 미술을 진지하게 대하는 사춘기

무렵 아이들은 물론이고 누구나 '신상품'이나 '전문가용' 미술 재료를 둘러보며 큰 만족을 느끼기 마련이다. 몇 가지 구매했다면 더욱 만족스러울 것이다. 아이에게 원하는 도구를 선택하도록 하면, 비록 사인펜 하나를 고르는 것에 불과할지라도 큰 자신감을 얻고 스스로 생각하는 법을 배울 수 있다.

그림 재료에는 기본적으로 두 종류가 있다. 종이 역할을 하는 재료와 펜 역할을 하는 재료다. 문제는 재료가 너무나 다양해 선택지가 넘쳐난다는 것이다. 오늘날 크레용만 해도 얇은 것, 두꺼운 것, 원형, 육각형, 짧고 굵은 모양, 삼각형, 아이들이 손에 쥐기 편한 모양까지 매우 다양하다. 또, 매끄럽게 그려지도록 부드럽게 만들거나, 쉽게 부러지지 않도록 단단하게 만든 것 등 밀도도 여러 가지다. 이제 왁스와 색소만으로 크레용을 만드는 시대는 지났다. 오늘날에는 밀랍 크레용과 젤 크레용이 등장했는데, 종이 위에서 아주 부드럽게 움직이기에 근육에 힘을 잔뜩 주지 않고도 진한 색을 낼 수 있다. 이 밖에도 형광 크레용, 반짝이 크레용, 페인트 스틱paint stick, 크레파스(오일파스텔을 말한다), 번지기 효과를 낼 수 있는 수용성 크레용이 있다. 이러한 여러 재료를 섞어주면 아이들의 영감을 자극할 수 있다. 이때 새로운 재료를 다루는 아이의 열린 태도에 놀랄지 모른다. 재질이 부드럽고 색감이 강렬하다면 아이가 더욱 반길 것이다.

물감 중에는 어린이용 '도트-도버dot-dauber*'도 아이들이 좋아하는 재료지만, 가장 인기 있는 것은 템페라(뚜껑 달린 용기에 물감이 담긴 형태)이다.

---

* 점을 찍어 색칠하는 튜브형 물감.

## 연필

아이는 성장하며 자세한 부분까지 눈여겨보기에 손가락, 속눈썹, 수염 같은 요소를 표현하고 싶어 한다. 그러다 보면 '정교한' 도구가 필요할 때가 있다. 경험에 비춰볼 때, 아이가 클수록 크레용의 두께는 얇아져야 한다.

아이가 조금 더 자라 스케치하는 데 관심을 보인다면, 제도용 연필 세트를 좋아할 것이다. 연필은 명암 같은 효과를 줄 수 있으므로 크레용과 사인펜에 비해 활용도가 높다. 흑연으로 제작된 연필은 연필심의 종류에 따라 몇 가지 숫자로 구분된다. H는 딱딱한 연필을 뜻하며 B는 부드러운 연필을 뜻한다. 아이에게 네 종류의 연필을 제공하면(2H, HB, 2B, 4B) 다양한 효과와 기법을 마음껏 구현할 수 있을 것이다.

색연필은 마치 양날의 검과 같다. 색이 선명하고 부드러우면서도 잘 부스러지지 않는 데다 저렴한 색연필을 찾기란 매우 어렵기 때문이다. 그러나 싸구려 색연필만은 반드시 피하기를 바란다. 연필심이 너무 딱딱하면 종이가 찢어지기 쉽고, 진한 색으로 넓은 면을 칠하자면 큰 힘을 들여야 하니까. 그러니 싸구려 색연필은 얼마 쓰지도 못하고 서랍 속에 쟁여두기 마련이다. 색깔이 몇 없는 작은 세트를 구매해야 할지라도 유명한 브랜드를 택하는 편이 좋다.

두말할 필요도 없겠지만 연필이 있다면 연필깎이와 지우개도 필요하겠다. 아이들이 좋아할 만한 캐릭터 지우개는 많지만, 정말 잘 지워지는 것은 모양이 단순하고 저렴한 하얀 지우개다. 아이가 손에 쥐기 쉬울 큰 지우개를 사도록 하자.

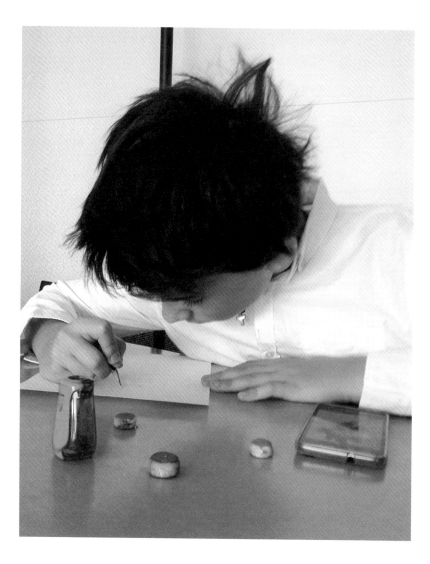

만 12세 제이미.
연필로 그림을 그리는 데에 온 신경을 쏟고 있다.

## 종이

아이들은 색과 크기가 다양한 종이에 그림을 그리며 즐거워한다. 그런데 종이 크기, 무게, 질감의 선택지가 매우 많은데도 부모들은 대부분 하얀 복사 용지만 쥐어주곤 한다. 복사 용지도 나쁘지는 않으나 유아에게는 큰 종이가 적격이다. 마구 선을 긋다 보면 종이를 넘어 테이블까지 그림이 삐져나갈 수 있기 때문이다. 게다가 복사 용지는 신문지처럼 얇은 편이라 크레용을 여러 번 덧칠하면 찢어지기 십상이며, 사인펜은 마구 번져 종이 뒤편까지 뚫고 나갈 위험이 있다. 대부분 마닐라지로 제작된 두꺼운 드로잉 용지면 별 탈 없이 그릴 수 있다.

　오일파스텔이나 페인트 스틱, 초크 마커chalk marker, 풀(풀로도 그림을 그릴 수 있다)과 같은 재료로 그림을 그리자면 정말 두꺼운 종이가 필요하다. 이때는 '이빨' 모양으로 우툴두툴하게 생긴 종이를 권장한다. 색색의 골판지를 비롯한 각양각색의 종이가 있고 그 가격도 천차만별이다. 손쉽게 떼어낼 수 있는 종이 묶음을 구매했다면 스프링 노트처럼 제본하는 편이 좋다. 조금 성숙한 아이들은 책 형태의 스케치북을 선호할지 모르나, 어린아이들은 아직 손재주가 부족해서 그림을 그리는 동안 다른 한 면이 접히지 않도록 붙들고 있기 어렵다.


## 물감과 붓

템페라나 포스터물감을 사용하는 것은 색칠보다는 붓으로 '그리는' 것에 가깝기에 붓을 비롯해 여러 도구가 필요하다. 그런데 '교내용'(이라 쓰고 '저렴한'

이라 읽는다)'이라 알려진 얇디얇은 붓으로 포스터물감이나 구아슈gouache* 수채화 물감을 다루기란 보통 어려운 일이 아닐 것이다. 그렇다고 만 12세 미만 어린이에게 전문가용 붓을 쥐어줄 필요는 없다. 유아에게는 하얀 돼지털이 납작하게 심긴 저렴한 이젤용 붓 한두 개면 충분하다. 이때 손잡이 부분은 나무로 돼 있으며, 털이 심긴 부분에 철로 마감 처리가 되어 털이 빠지지 않는 붓을 추천한다.

나일론 붓은 아크릴 물감이나 템페라에 적합하지 않으므로 피하자. 싸구려 플라스틱 손잡이에 털을 풀로 대강 붙여놓은 붓도 곤란하다. 이런 붓은 아이가 물감 통에서 붓을 빼자마자 놓쳐버리기 쉽다. 붓의 넓이는 어른 엄지손톱 정도면 적당하며 9호, 10호, 11호 붓이 안성맞춤이다.

만 6세가 넘은 아이들에게는 둥근 교내용 붓이 몇 개쯤 필요할 수 있다. 역시 나무 손잡이와 철 마감 처리가 되어 있는 붓을 소, 중, 대형 사이즈로 골고루 준비하자. 이런 붓을 고를 때에는 부드러운 인조모를 선택해야 물감을 씻어낸 후 모질을 원래 상태로 정리하기 수월하다(새 붓에서 애완견보다 더 많은 털이 빠지는 걸 막고 싶다면, 붓을 물통에 살살 씻어 천이나 화장지에 물기를 덜어내는 법을 가르쳐야 할 것이다).

붓을 보관할 때는 비누와 물로 깨끗이 씻은 뒤, 항상 용기에 담아 수직으로 세워서 말리도록 하자. 이때 손잡이는 아래쪽으로, 털이나 스펀지 부분이 위쪽으로 향하게 두어야 한다.

---

\* 고무를 섞어 만든 불투명한 수채 물감.

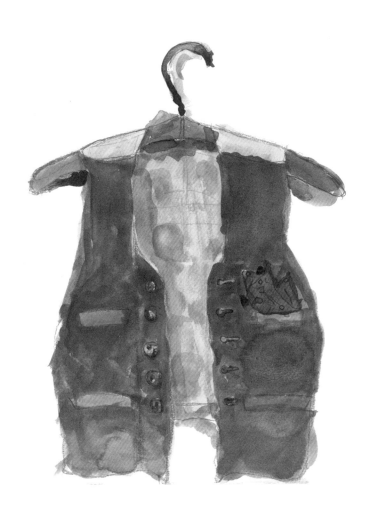

만 9~10세 베가의 작품.
코트용 옷걸이에 걸린 낡은 조끼를 그렸다.
연필로 스케치한 후 수채화 물감으로 칠했다. 심혈을 기울여 얇게 여러 번
덧칠하여 그림자와 조끼 안팎의 구김을 표현한 덕에
더욱 사실적이고 전문적인 느낌을 구현할 수 있었다.

## 직접 보고 살 수 없다면

매장을 직접 방문할 수 없다면 온라인 매장을 뒤져야 하겠다. 품질을 알 수 없으니 시행착오를 거듭할 수밖에 없다. 아이가 너무 어리지 않다면, 파버카스텔Faber-Castell, 까렌다쉬Caran d'Ache, 프리즈마컬러Prismacolor 같은 유명 브랜드를 택하는 것도 좋다. 이 브랜드 모두 어린이용을 따로 출시하고 있다. 이런 제품을 쓰면 자신감을 얻을 뿐 아니라 그림의 질도 향상되기 마련이다. 맨 처음에는 너무 비싸지 않은 제품을 사주는 게 좋겠으나, 저렴한 재료는 색이 흐리기 십상이고 색소 함유량도 낮다. 개중에는 쉽게 부러지거나, 아이가 조그마한 손으로 다루기에 힘이 많이 드는 경우도 있다.

## 나이와 성향에 맞는 도구인가

그림 도구는 품질이 좋을 뿐 아니라 상태도 훌륭해야 한다. 혹시 아이만의 특이 사항이 있다면 반드시 확인해두자. 부러진 크레용은 절대 쓰지 않는 아이, 손이 더러워지는 게 싫어서 종이로 감싸지 않는 한 파스텔에 손대지 않는 아이도 있기 때문이다.

　왼손잡이 아이가 사인펜처럼 금방 마르지 않는 도구로 그림을 그릴 때는 손에 잉크가 묻어 그림이 번지기 쉽다. 이 때문에 마음이 상할 수 있다는 것

을 잊지 말자. 또, 수채화 물감은 물을 묻혀야 사용할 수 있는 데다 그 물이 금방 마르기 때문에 어린아이들이 쓰기엔 쉽지 않다. 원치 않는 곳에 물감을 튀길 수 있으므로, 수채화 물감은 어느 정도 연령대가 있는 아이들에게 안성맞춤이다. 개중에는 물감을 여러 번 덧칠하거나 서로 다른 물감을 섞는 것을 좋아하는 경우도 있고, 물감이 조금 마르기까지 기다렸다가 작업을 다시 시작할 정도로 참을성 있는 아이도 많다. 그러나 만 10세 미만 아이들은 이런 과정을 별로 즐기지 않는 편이다. 물론 물통 속에서 여러 색깔이 섞이는 광경을 신기해하는 아이도 있겠다.

# 아이에게 일러줄 것들

자기표현 방법을 배우는 것은 아이의 지능 발달과 감성 발달에 매우 중요한 요소다. 이를 장려하려면, 자녀에게 그림을 그릴 기회를 충분히 주고 그림에 필요한 재료를 손쉽게 찾을 수 있도록 늘 구비해두어야 한다. 아이들은 그림을 그리며 분노, 흥분, 슬픔, 행복, 두려움과 같은 감정을 건강한 방식으로 표출한다. 감정을 드러내기를 원치 않는 아이라면 '종이 위에 네 마음을 그려보겠니?'라고 권유해볼 수 있다.

사용 시 반드시 어른이 지켜보아야 하는 미술 재료도 있으나, 아이가 어리더라도 나이에 적합한 재료라면 간단한 사용 지침 정도는 충분히 숙지할 수 있다. 자녀에게 미술 재료와 그림을 그리는 공간에 대한 규칙을 확실히 가르쳐서 미연의 사고를 방지하도록 하자. 예를 들어, 종이를 제외한 다른 곳에 크레용을 사용해서는 안 된다는 것, 사인펜이 마르지 않도록 꼭 뚜껑을 달아야 한다는 것, 물통을 채우거나 비울 때에는 꼭 어른의 도움을 받아야 한다는 것, 모든 재료는 사용 후 반드시 제자리에 두어야 한다는 것 등을 가르칠 수 있겠다. 아이는 자랄수록 재료를 준비하고 뒷정리를 하는 과정에 익숙해져, 결국 스스로 해낼 것이다.

# 충분한 기다림

아주 어린아이는 자기 행동을 깨닫지 못한 채 쉬지 않고 낙서를 해나간다. 그러다 조금 더 자라면 그림 속에 자기 생각을 담기 마련이다. 이때 성인 화가와 마찬가지로 시간을 들여 그림을 완성한다.

　어느 연령대이든, 그림을 그릴 때는 몇 가지 단계를 거친다. 그림 도구가 준비되었다면, 첫 번째 단계는 대상을 관찰하거나 기억해내는 것이다. 다음 단계는 그 대상을 분석하는 것인데, 아이는(성인도 마찬가지다) 영감이 떠오르는 순간까지 그리고자 하는 생각, 사건, 사물, 인물 등을 찬찬히 살핀다. 세 번째 단계에서는 그림 도구, 재료, 기술을 동원하여 시행착오를 거듭한다(지우개가 필요한 순간이다). 마지막 단계에서는 평가가 이루어진다. 작품이 완성된 후 아이(혹은 성인 화가)는 본래 생각했던 대로 그려졌는지 작품을 점검한다. 이때 아주 어린아이들은 그림이 완성되면 그만이라 생각하지만, 조금 더 자라면 자기 작품을 훨씬 비판적으로 분석한다(사춘기 자녀의 휴지통에서 반쯤 완성되거나 잔뜩 구겨놓은 그림이 발견되는 이유다). 어린이와 성인 모두 창작 과정에서 생각하는 데 긴 시간을 보내지 않는다. 반면 그림을 그리는 데에는 오랜 시간이 걸릴 수도 있으며 부모는 이 점을 이해하고 지켜봐주어야 한다. 즉,

장소와 재료를 제공하고 동기를 부여하는 것은 물론이고, 아이가 이 시각적인 자기표현에 충분한 시간을 할애할 수 있도록 배려해주어야 한다.

아이가 그림을 그릴 수 있도록 그림 도구를 손이 닿기 쉬운 곳에 마련해놓고 깨끗하게 관리하자. 크레용, 사인펜, 연필처럼 자주 쓰는 도구는 속이 비치는 플라스틱 상자에 두면 편리하다. 낱장으로 된 종이, 그림판은 선반이나 클리어파일, 납작한 상자에 두는 것이 좋다. 되도록이면 크레용이나 종이 같은 기본 재료만큼은 어른 도움 없이도 아이 스스로 찾아낼 수 있도록 잘 보이는 곳에 두자. 이는 아이의 자존감을 높이고 독립심을 길러주는 좋은 방법이다. 마지막으로, 모양과 쓰임새가 다양한 재료를 비치하면 아이에게 지속적으로 동기부여가 될 수 있다.

# 6

# 해야 할 말, 하지 말아야 할 말

아이들은 부모나 교사의 평가를 매우 진지하게 받아들인다. 비평이든 격려든 마찬가지다. 평가 내용은 그림에 대한 자신감, 즉흥성, 욕구, 동기부여에 지대한 영향을 미친다. 좋은 의도로 한 말이었다 해도 아이는 부정적으로 받아들이거나 비난을 받았다고 오해할 수 있다. 아이들은 항상 부모를 만족시키고 싶어 하며 부모의 기분을 귀신같이 알아내기 마련이다. 아이의 창의성 발달을 위해 해야 할 말과 하지 말아야 할 말을 소개한다.

### 흥미를 돋우는 질문하기

첫째, 절대로 아이에게 '나는 그림을 못 그려'라는 말을 해선 안 된다. 그러면 아이들은 '나는 우리 아빠와 똑같아'라고 생각한다. 아이는 '나는 그림을 못 그려'라는 말을, 그림을 잘 그리려 노력할 필요가 없으며 노력하더라도 결과가 좋지 않을 거라고 받아들인다.

　같은 이유로, 아이의 그림을 수정해주거나 그림에 무언가 그려 넣어서도 안 된다. 더불어 '엄청나게 아름답구나', '마치 피카소 그림 같은걸', '너도 크면 피카소와 같은 화가가 될 거야'라며 야단스레 칭찬해서도 안 된다. 어린아이에게 그림을 그리도록 장려해야 하는 이유는, 그림 실력을 향상시키기 위함이 아님을 반드시 기억하자. 아이가 하루하루 발달하고 변해가며 그림도 자연히 발전하고 변해갈 것이다.

아이가 그림을 그려달라고 한다면 우선 스스로 그려보도록 이끌되, 아이의 흥미를 돋우는 이야기를 해주자. 예를 들어, 고양이를 그려달라는 아이에게는 '고양이가 어떻게 생겼더라?', '다리는 몇 개가 달려 있지?', '고양이 꼬리는 어떻게 생겼어?', '귀는 어떤 모양이더라?', '고양이는 어떤 식으로 움직일까?', '고양이는 어떤 자세로 잠을 자니?', '고양이를 만지는 느낌은 어떠니?', '고양이를 떠올리면 무슨 생각이 드니?'와 같은 질문을 던지는 것이다.

아이가 무엇인지 알아볼 수 없는 그림을 건넸다면 '이게 뭐야?'라고 묻자. 그리고 이해할 수 없는 요소 대신 알아볼 수 있는 것들에 대해 논하자. '여기 길고 구불구불한 빨간 선을 그렸구나. 이쪽에는 짧고 꼬불꼬불한 파란 선을 그렸네.'라는 식이다. '이거 엄마를 그린 거니?' 따위의 질문은 곤란하다. 아이는 그런 질문을 받으면 곧바로 자신이 애초부터 엄마를 그리고 싶어 했으며 이 그림은 엄마가 확실하다고 믿기 때문이다. 게다가 한동안은 그림을 보여줄 때마다 엄마를 그렸다고 주장할 가능성이 크다.

아이가 완성된 작품을 보여주었다면, 설령 무엇을 그렸는지 알아볼 수 있다 해도 '이 그림에 대해 이야기해줄래?', '이 그림 제목은 뭐니?'라고 묻자. 보이는 것들을 묘사해보아도 좋다. 예를 들어, '지붕에 깃발이 꽂혀 있는 커다란 성이 보이는구나. 누군가 창문을 내다보고 있네!', '이 성에는 누가 살고 있

나무나 풀에 비해 고양이를 매우 거대하게 그린 만 7~8세 사라의 작품.

색과 배치를 통해 고양이를 다른 요소보다 강조했다.

네 다리, 날카로운 발톱, 동그란 얼굴, 커다랗고 둥글둥글한 눈, 뾰족한 주황색 귀,

기다란 수염을 그렸다. 고양이는 구름에 닿을 정도로 크다.

왼편에 작은 나무가 있어 고양이의 긴 꼬리와 곡선이 더욱 돋보인다.

니?', '창문을 내다보는 저 사람은 누구야?', '저 사람은 무슨 생각을 하고 있어?', '이 깃발은 어떤 의미가 있니?'처럼 답이 정해져 있지 않은 질문을 던지면 아이가 그림에 얽힌 이야기를 만들어낼 수 있다.

아이가 어린이집이나 유치원에서 그린 그림에는 대개 뒤편에 아이 이름과 제목, 혹은 간략한 설명이 적혀 있다. 교사가 아이에게 직접 물어보고 적었을 것이다. 이때 부모라면 그림의 특징을 잡아서 칭찬해주고 싶을 것이다. 역동적인 초록 선이나 파란 선이 옹기종기 모여 있는 모습을 지적하는 식이다. 아이에게 그림에 대해 설명해달라고 하는 것도 좋은 생각이다. 단, 아이가 여전히 선생님이 적어놓은 설명대로 그림을 바라보고 있을 거라 기대해선 안 된다. 어린아이라면 그림에 대해 무어라 이야기했는지 잊어버렸을 수도 있고, 벌써 그림의 의미를 완전히 바꿔버렸을 수도 있다.

학년이 올라가면 대개 학교에서 배운 대상을 그리므로, 무엇을 그렸는지 알아보기 쉬워진다. 집에서 학교 숙제로 그림을 그릴 때는 대개 교사의 지시를 모두 이행하는 것이 그 목적이 된다. 이때 그림의 주제를 보면, 자녀가 수업 시간에 배운 바를 어떻게 바라보고 있는지 자세히 파악할 수 있다.

## 감정을 드러내는 그림

아이는 보통 특정 인물, 대상, 사건에 대한 감정을 표출하려 할 때 즉흥적으로 그림을 그린다. 사랑과 행복은 물론, 두려움, 분노, 증오, 혼란, 외로움 같은 강력한 감정을 다룰 때도 있다. 그림은 아이가 긍정적인 감정과 부정적인 감정을 드러내는 효과적인 수단이다.

사인펜으로 중세의 성을 그렸다.
만 5～6세 이사벨의 작품. 아치형 창문, 꼭대기에 총안銃眼이 배치된 성벽 등,
건물의 특징을 묘사했다. 시대적 특징이 드러난 머리 장식을 한 공주가
창밖을 내다보고 있으며 스페인 깃발 두 개가 나부끼고 있다.

사인펜으로 로마 병사를 그렸다. 만 6~7세 아일라의 작품.
일렬로 늘어선 병사들이 한곳을 응시하고 있다. 모두 깃털 달린 모자를 쓰고
똑같은 제복을 입었으며 방패를 들고 있다. 주근깨, 속눈썹, 살짝 드러난 머리카락으로
각 병사의 외모를 구분했다. 옆모습을 서로 겹치게 그린 점에서
어느 정도 복잡한 그림을 그릴 줄 안다는 것이 드러난다.

크레용과 연필로 아메리카 대륙에 백인 이주민이 도착하는 모습을 그렸다.
만 8~9세 쥴리안의 작품. 사람이나 동물이 보이지 않는 대신 배를 세밀히 묘사하여
배가 새 터전에 도착하는 모습을 표현하는 데에 집중했다.

자신을 못살게 구는 형이나 누나 옷을 창밖으로 내다 버리는 것보다야 그림 속에서 무시무시한 괴물로 묘사하는 편이 훨씬 나을 것이다. 그림으로 분노를 표출하거나 부모님께 혼난 뒤 공상을 통해 복수하는 것이 정신건강에 훨씬 이롭다. 각종 상을 휩쓴 모리스 샌닥Maurice Sendak의 인기 그림책《괴물들이 사는 나라Where the Wild Thing are》(강무홍 역, 시공주니어, 2002)에서 맥스가 저녁을 거른 채 침대로 쫓겨난 일화를 떠올려보자. 때로는 자녀가 그림을 통해 어두운 내면, 혹은 말로 전하기 힘든 것들을 드러내는 순간도 있다는 것을 잊지 말아야 한다. 부모가 아동심리치료사 역할을 하는 것은 옳지 않으나, 융 심리학자인 그레그 퍼스의 주장대로 그림을 통해 자녀의 마음을 이해하는 실마리를 얻을 수 있다.

무엇보다 눈여겨봐야 할 것은 그림의 전반적인 느낌이다. 행복, 슬픔, 두려움 등, 그림에서 어떤 감정이 느껴지는가? 유난히 괴상하거나 심각하게 왜곡된 것, 너무 크게 그렸거나 정말 엉뚱한 곳에 배치한 것이 있는가? 그림에서 가장 중요시 다룬 인물, 혹은 사물이 있는가? 구석으로 치워버린 인물이나 사물이 있는가? 외로워 보이는 인물, 격리된 인물, 벽을 사이에 두고 갈라져 있는 인물들이 있는가? 꼭 그려야 하는 요소임에도 빠뜨린 것이 있는가?

다시 말하지만, 어떠한 경우라도 아동심리치료사처럼 행동해서는 안 된다. 아이들의 감정과 기분은 순식간에 변할 수 있기 때문이다. 앞서 설명한 사례를 잊지 말자. 아이가 새 애완 토끼를 그렸는데 귀를 축 늘어뜨린 그 모습이 슬퍼 보여 교사가 부모를 학교로 부른 사건이었다. 만약 자녀의 그림에서 무언가 '빠진' 것을 발견한다면 반드시 아이에게 더 많은 설명을 요구해야

만 5세 데이비드의 작품.

아파트에 불이 난 무서운 사건을 색연필로 그렸다.

소방서 문이 열려 있고 소방차가 출동 준비를 마쳤다.

다른 건물과 길, 구경꾼에 비해 소방서를 매우 크게 그린 점에 주목하자.

원근법과 3차원 공간감을 표현하고자 오른편에 길게 늘어선 건물을

똑바로 그리지 않고 뉘어서 그렸다.

만 5~6세 소피아의 작품.
사인펜으로 화려하게 치장한 유니콘과 땅에 피어난 꽃들을 그렸다.
그림에서 행복이 느껴진다. 유니콘은 무지개 아래에 서 있으며
무지개 주위에는 달이 떠 있고 반짝이는 별이 가득하다.

만 5~6세 아일라의 작품, '악당'. 어딘가 위협적인 느낌을 준다.
안대로 한쪽 눈을 가렸으며 치아가 굉장히 크다.
한 손에는 검, 혹은 칼을 쥐고 있고 다른 손에는 방패가 들려 있다.

한다. 그렇더라도 안심하시라. 아무 이유가 없는 경우가 대부분이니.

## 그림 전시하기

오늘날에는 아이의 그림을 집에 전시하느냐, 마느냐, 전시한다면 어떤 식으로 할 것이냐를 놓고 의견이 팽팽하다. 한쪽에서는 아이의 그림 발달이 신체 발달, 사회성 발달, 정신 발달, 감성 발달과 마찬가지로 유동적이라 본다. 즉 아이의 그림은 계속 변하기에 꼭 전시해야 하지만 액자에 넣을 필요는 없으며, 냉장고나 부엌에 부착된 코르크판, 아이 방에 잠시 동안 그림을 붙여놓으면 된다고 주장한다. 반면, 이런 장소에 그림을 놓으면 아이를 존중하지 않는다는 뜻이 전해진다는 반론도 있다. 그 누가 그렸든 좋은 그림이라면 반드시 액자에 보관하여 좋은 곳에 모셔야 한다는 것이다. 그런가 하면 아이의 그림을 사진으로 찍어 자랑스럽게 인터넷 상에 올리는 경우도 있다. 무엇이 가장 좋은지는 알 수는 없다. 무엇보다 유아들은 그림을 그려놓고도 자신의 그림을 기억하지 못하기 때문이다.

아이의 그림을 전시하기에 가장 적절한 장소가 어디일까? 가족들이 그림을 보며 즐거워할 수 있는 장소라면 어디든 좋다! 그림을 잘 보관하고 싶다면 전부 스캔을 하거나 사진을 찍어두자. 나중에 모이면 '그림 기록장'이 탄생할 것이다. 마음에 쏙 들거나 특별한 의미가 있는 그림은 원본을 보관하고 그 아래 연필로 날짜를 써두자. 먼 훗날 온 가족이 그 '타임캡슐'을 펼쳐보며 '언제 이렇게 시간이 흘렀을까?'라고 되뇔 것이다.

만 8~9세 에릭의 작품. 학교 미술 시간에 전통 템페라화를 그렸다.
형제와 애완견이 눈길을 걸어가고 있다.
스웨터, 모자, 목도리, 장갑 등, 겨울옷의 패턴과 질감을 잘 살렸으며,
추워서 빨개진 두 뺨이 인상적이다. 검은 윤곽선과 스폰지로 칠한 배경은
교사의 지도하에 완성되었다.

# 창의력을 죽이는 활동

어른들이 아이에게 시키는 활동 중에는 예술처럼 보이나, 실은 아이의 창의력을 죽이는 것도 정말 많다. 아이에게 예술, 특히 그림이란 자유롭게 자신을 표현할 수 있게 하는 즐거운 활동이다. 아이는 자신이 보고 느끼는 대로, 알고 있는 바를 그대로 그린다. 그런데 안타깝게도 이런 아이들을 틀 안에 가두는 동시에, 개성 있고 강인하며 독립적인 개인으로 성장하고자 하는 노력마저 짓밟는 활동이 여럿 있다. 적을 알고 나를 알아야 백전백승임을 기억하자!

**색칠 놀이책**

대형 장난감 할인점의 미술 재료 코너에 색칠 놀이책이 어찌나 많은지, 셀 수 없을 정도다. 대개 아이들이 좋아하는 최신 애니메이션을 색칠하는 놀이책들이다. 요즈음 어른용 컬러링북이 굉장한 인기를 끌고 있는 것을 보면, 많은 어른들이 색칠을 하며 마음을 안정시키는 듯하다.

만화 캐릭터를 스케치한 얇은 검정 선 안쪽을 색칠하는 것은 아이 입장에서는 그다지 흥미로운 활동이 아니다. 아이들은 대개 종이 위에 무엇이 그려져 있든 상관하지 않고 그 위에 마구 낙서를 해대기 마련이다. 부모들은 바로 여기서 딜레마에 빠진다. 이런 색칠 놀이책은 별 도움이 되지 않을 뿐더러, 애니메이션의 고정 팬을 확보해 영화사의 이익을 증대하는 끼워 팔기용 마케팅이 분명한데, 그럼에도 아이들은 또 그걸 가지고 싶어 하기 때문이다.

## 스텐실

너무나 많은 초등학교에서 아이들에게 공장으로 찍어낸 듯 똑같은 스텐실* 모양을 만들게 한다. 할로윈 축제가 다가오면 고양이 스텐실을, 크리스마스를 앞두고는 산타 스텐실을 만드는 식이다. 아이들은 이런 미술 활동으로, 개성을 표현하는 법이 아닌 집단의 규칙에 순응하는 법을 배워버린다.

## 워크북과 키트

워크북과 키트는 고작 아이들에게 '해야 할 일'을 제공할 뿐이다. 마치 미술 재료처럼 만들어 놓았지만 미술과는 아무 관련이 없다. 여기서도 스텐실이 등장하며, 점 잇기 퍼즐, 미로 찾기, 점선 따라 그리기, 번호를 따라 색칠하기, 그리고 대망의 '매직 페인팅(이미 어른의 솜씨로 하얀 밑그림이 그려 있어서 그 위에 물감만 칠하면 그림이 나타난다)'까지, 모두 아이의 본성을 무시하는 동시에 아이도 어른처럼 창의성을 발휘할 수 있다는 사실을 받아들이지 못한 결과물이다.

---

* 모양을 도려낸 뒤 그 속에 물감을 넣어 그림을 찍어내는 기법.

## 미술 대회

아이들은 대개 자기 그림을 전시하기를 좋아한다. 그러므로 그림을 전시하는 것은 좋은 생각이나, 이때 반드시 아이의 작품을 존중해야 한다. 즉, 연령 대가 같은 아이들 그림끼리 모아 한곳에서 함께 전시하고, 진짜 전시회에 걸린 그림처럼 열을 맞추어 깔끔히 걸어두자.

그렇다면 아이들의 그림으로 미술 대회를 여는 것은 어떠한가? 아이들은 저마다 고유한 개성과 욕구, 흥미, 능력, 경험이 있기에, 초등학생을 경쟁으로 몰아갈 이유가 전혀 없다. 너무 어린아이들을 대상으로 미술 대회를 치르는 것은 아이들은 모두 소중하다는 보편적인 가치에도 반한다. 아이들의 작품은 각자 개성을 표출한 결과이기 때문이다. 게다가 아이들의 그림에 순위를 매길 자격이 되는 사람이 정말 있을지 의문이다.

## 베껴 그리기의 두 가지 측면

미술교육자들은 대부분 베껴 그리기를 권장하지 않는다. 아주 어린아이에게는 더욱 권하지 않는데, 베껴 그릴 때에는 그림에 진실한 생각과 감정을 담아낼 수 없기 때문이다. 날아가는 새를 창의적으로 묘사하던 아이가 색칠 놀이 책에서 V자로 날아가는 새 떼를 접한 뒤로는, 모두 V자 모양으로만 새 떼를 그리기 시작한 사례가 있다. 베껴 그리기가 창의성을 억압한다는 증거다.

아이들은 자랄수록 '제대로' 묘사해야 한다거나 최대한 실물에 가깝게 그려야 한다는 생각에 강하게 사로잡힌다. 이때 직접 가까이서 볼 수 없는 대상이라면, 사진을 보지 않고는 정확하게 묘사할 수 없을 것이다. 또 책, 만화,

만 9~10세 칼스 T.의 작품.
애니메이션 〈포켓몬스터〉에 등장하는 니드리나를 연필로 매우 공들여 그렸다.

온라인이 아니고서야, 아이가 좋아하는 만화 캐릭터와 슈퍼히어로의 복장이나 근육을 실제로 살펴볼 기회는 잘 없을 것이다. 그러니 이런 경우를 비롯해, 영감을 얻으려고 하거나 미술 실력을 기르기 위해 자료를 보고 그리는 것은 예외로 두자.

타의 모범이 되는 미술 교사 필립 마치카Philip Matsika는 시카고 레보래터리 대학교University of Chicago Laboratory Schools 부속 초등학교에서 5학년(만 10~11세)를 가르치고 있다. 약 12년 전 그는 '5학년 미술 시간 그림엽서5th Grade Fine Arts Notecards' 프로그램을 만들었다. 이는 아이들 스스로 명화를 하나 고른 뒤 작은 크기로 재해석해 수채화로 새로이 그려내는 작업이다. 그림이 완성된 후에는 엽서로 만들어 팔아 학교에 수익을 가져다준다. 다른 교사나 부모가 이 작업이 '베끼기'가 아니냐고 물어올 때마다 필립 마치카는 이렇게 답한다.

"아이들은 스스로 고른 작품을 작은 크기로 재해석하는 과정에서 미술사를 배웁니다. 그뿐만 아니라 미술사를 장식한 작품들에 대한 주인 의식도 생기지요. 학생들은 시간이 흐를수록 더욱 정확한 관찰력을 발휘하며, 더욱 향상된 지각 능력과 자신감을 바탕으로 시각적 표현력을 드러냅니다. 그 결과 매우 중요한 학습 발달이 이루어지지요. 종이를 채워나가는 동안 전보다 더 구체적인 형태, 더욱 섬세한 색 조합과 발전한 그림 기술 및 표현력을 구사하는 것입니다. 손바닥만 한 이 중성지가 아이의 심미안을 꽃피우는 토양 역할을 하는 셈이지요."

연령이 더 높거나 그림에 재능 있는 아이라면 이렇듯 베껴 그리면서 관찰력과 그림 기술을 키울 수 있다. 전문 미술 교사의 도움을 받는다면 효과는

미술 시간에 교사의 지도하에 바다코끼리를
섬세하게 묘사했다. 연필 밑그림 위에 수채화 물감으로 채색한
만 8세 주노의 작품.

1950년대 후반, 당시 만 12세이던 이라 조엘의 작품.
루시 스프레이그 미첼의 저서 '리틀 골든 북Little Golden Book' 시리즈 중 하나인
《도시의 한 해》 표지에서 영감을 받아 도시 풍경을 그렸다.

배가 될 것이다. 하지만 어린아이라면 다르다. 베껴 그리는 과정에서 즉흥성이 좌절될 수 있으며, 발상 및 예술적 표현에 눈치를 보거나 자신감을 잃기 쉽다.

# 8

# 디지털 시대의 미술 활동

오늘날에는 그림을 그릴 수 있는 소프트웨어 및 애플리케이션을 쉽게 찾을 수 있다. 특히 어린이용이 다양하게 출시되었으나, 진정 '그린다'라는 개념에 적합한지는 의문이다. 이런 프로그램들은 대부분, 기존 그림 그리기가 주는 촉각적 경험과는 거리가 있기 때문이다. 아이들이 재미있게 가지고 놀 휴대용 교구로는 쓸 만하다.

　컴퓨터, 안드로이드용 태블릿, 아이패드용 그림 애플리케이션은 모두 비슷한 형태다. 어린이용도 마찬가지라서, 모두 타일처럼 생긴 '메뉴' 아이콘을 클릭하여 연필, 붓, 분필, 색, 선, 지우개 등, 다양한 그림 도구와 효과를 고르는 식이다. 클릭이나 터치로 도구를 선택하여 화면에 그림을 '그리는' 것이다. PC 전용인 '크레욜라 아트 스튜디오Crayola Art Studio'처럼 만 4세 이상 아이들을 위한 그림 애플리케이션은 대개 저장된 '스탬프', 배경화면(배경 무늬), 캐릭터를 선택해 화면에 복사하게 되어 있다. 안드로이드 애플리케이션 중 정상급 인기를 누리는 '키즈 두들Kids Doodle'은 세련된 네온 불빛 효과를 자랑하며, '딥댑Dipdap'은 이미 주어진 애니메이션에 그림을 덧그리도록 했다. 아이패드용으로는 '두들 버디Doodle Buddy'와 '드로잉 패드Drawing Pad'가 있으며 안

드로이드용도 출시되었다.

이에 비해 조금이나마 종이에 그림을 그리는 것에 가까운 기기는 LCD 태블릿이다. LCD 태블릿은 그 옛날 학교에서 쓰던 작은 필기용 칠판writing slate을 닮았다. 어린아이들도 손쉽게 사용할 수 있지만 금세 질려버리기도 한다.

고급 기능을 사용하여 개성 있는 그림을 그리고 싶다면 '와콤Wacom' 사의 다양한 제품 중 '와콤 인튜어스 드로잉Wacom Intuos Drawing' 태블릿이 적절하다 (PC에서도 이용할 수 있다). '와콤 뱀부Wacom Bamboo' 태블릿도 좋다(이 제품은 아이패드를 비롯한 스마트폰에서 사용할 수 있다). 입력 감지 펜pressure-sensitive pen을 활용하면 전통적으로 '그림을 그리는' 느낌이 덜한 전자기기의 한계를 어느 정도 극복할 수 있다. 그런데 이런 제품들은 너무나 비싼 데다 사용법도 복잡하므로, 최신 기술에 능통한 십대 아티스트 지망생에게 적합하다.

# 9

# 아이와 함께 미술관 가기

몇 해 전, 뉴욕 구겐하임 미술관 담당 교육자가 만 9~10세 학생들을 이끌고 피카소의 작품, 〈도라 마르의 초상〉(1939년 작) 앞에 섰다. 그는 전통적인 탐구법inquiry method에 따라 학생들에게 이 유명한 작품이 의미하는 바를 맞추어보라고 했다. 그러자 어느 어리고 예리한 여자아이가 망설임 없이 이렇게 답하는 것이었다. '아, 머리카락이 난 돼지네요'라고.

아이들의 미적 감각은 어른과 다르다. 유치원생에게는 미술관 벽에 걸린 그림을 비롯해 다른 사람의 그림은 '예술'이 아니다. 그 시기 아이들이 생각하는 '예술'은 오직 자신이 만들어낸 작품뿐이기 때문이다.

로웬펠드와 브리튼이 언급했듯, 만 5세에서 12세에 이르는 동안 아이들은 큰 폭으로 신체적, 정신적 발달을 이룬다. 아이가 예술을 어떻게 이해하며, 예술에 어떤 미적 판단력을 갖추느냐는 전적으로 이 발달 정도에 달려 있다. 만 4~5세 아이들은 그림 속에서 자신에게 익숙한 사물과 색을 알아볼 줄 안다. 그러나 이 아이들은 그 사물들이 서로 관련이 있다는 것을 모르며 그림을 '하나의 덩어리'로서 인지하지 못한다. 이 시기에는 그림이 전하는 '느낌'이나 작가의 의도를 파악할 수 없다. 각 요소 간 관련성이나 그림의 의미를 간

파하는 것은 만 7세 이후에 가능한 일이다('머리카락이 난 돼지' 사례를 보라). 만 8~11세가 되어서야, 어른들이 예술 작품을 보며 사용하는 말들을 어느 정도 이해할 만한 어휘력을 갖춘다. 그제야 그림에 담긴 뜻을 헤아리는 역량이 생기는 것이다.

　미술관에 자녀를 데려가는 것은 굉장한 과제다. 자녀가 그림을 보며 '무언가 얻어가도록' 이끌 자신이 없다면 더욱 그렇다. 미술관은 지루한 곳이라는 인식이 있는 데다 오늘날까지도 실로 지루한 미술관이 있는 것도 사실이다. 게다가 어른이 들어 올리지 않고서는 아이들이 절대 볼 수 없을 만큼 높은 위치에 그림을 전시하는 곳도 있다. 어떤 곳은 벽에 붙은 설명을 읽기 어려울 정도로 조명이 너무 어둡다. 최악의 경우 관람객이 계속 움직이도록, 의자를 배치하지 않은 미술관도 있다. 그래서 몸이 불편하거나 나이가 많은 관람객들은 오랜 시간 머무를 수 없다. 다행히 최근 많은 미술관에서 문제점들을 개선해가고 있으며 가족 단위나, 아이를 비롯해 다양한 관람객을 유치하려고 노력하고 있다.

### 부모와 자녀 모두에게 의미 있는 시간이 되려면

오늘날 미술관에 찾아온 변화는 비단 건물 외관뿐이 아니다. 미술관에서 전시 품목을 재배치하고 교육적인 프로그램을 갖추기 시작했기 때문이다. 나아

---→

마르크 샤갈의 작품에서 영감을 받은 템페라화.

잭슨 폴록의 작품에서 영감을 받은 템페라화.
만 4세 에머슨의 작품.

가 하나의 그림에는 오직 '한 가지 뜻'만 담겨 있다고 본 구시대의 예술사 연구에서 탈피해, 학자나 큐레이터가 생각하는 대로 그림의 뜻이 변하는 시대가 왔다. '하나의 진리'만 존재할 수는 없다는 것이 예술사 연구의 새 동향이다. 사람은 살면서 저마다 다른 지식과 경험을 쌓으며 그에 입각해 그림을 해석하기 때문이다. 즉, 어린아이를 포함한 모든 이의 해석에 일리가 있다는 뜻이다.

그러므로 마음만은 굴뚝같으나 미술품을 잘 이해하지 못하거나, 현대 미술에 울렁증이 있는 부모라면 안심해도 좋다. 연구에 따르면 만 2~3세가량 유아가 추상화풍이나 사실주의 화풍에 흥미를 느끼는 경우는 단연코 없다. 반면 어릴수록 밝은 색, 서로 대비되는 색, 단순한 구도, 친숙한 사물, 명확한 공간감spatial relationships을 담은 그림에 긍정적인 반응을 보이기 쉽다. 이때 그림 발달 양상과 마찬가지로, 아이가 자랄수록 사실주의 화풍과 복잡한 구도를 점점 더 선호하게 된다.

미술관에서 최대한 유익한 시간을 보내고 싶다면 정답이 없는 개방형 질문open-ended question을 던져 그림의 의미를 짐작해보게 하자. 이러한 질문에는 정답도 오답도 없다. 단, 반드시 작품을 관찰한 결과를 바탕으로, 근거를 들어 대답해야 한다. 미국 초등학교에서 시행하는 시각적 사고 전략Visual Thinking Strategies 프로그램은 학생들이 예술 작품을 감상하는 과정에서 사고하며 자신을 표현할 수 있도록 구성되었다. 이 프로그램에서 교사는 보통 아이들에게 3가지 질문을 던진다. '그림 속에서 무슨 일이 일어나고 있니?', '왜 그렇게 생각했니?', '또 어떤 점을 발견했니?'가 그 질문이다.

아이가 답을 할 때마다 교사(혹은 인솔자)는 이를 다른 문장으로 재구성하는 동시에 부연 설명을 덧붙인다. 예를 들어, 아이가 그림 속에서 정원을 발견했다고 답한다면 교사는 '그림 왼쪽 배경 부분에서 정원을 발견했구나'라고 말하는 식이다. 여기서 중요한 점은 아이의 대답을 잘 이해했다는 뜻을 표현하는 것이다. 이 기법은 '공감적 경청empathetic listening'과 관련이 있다. 공감적 경청은 1960~1970년대에 정리된 가치 명료화Values Clarification(교육학 방법론)와 인지 행동 치료Cognitive Behavioural Therapy(심리학)에서 유래했다.

아이가 가장 먼저 그리는 개체는 인간이므로 첫 단계로는 인물 관찰을 해보는 게 좋겠다. 그러므로 초상화 전시관은 개방형 질문에 안성맞춤이다. 아이에게 궁금증이 생기는 초상화를 직접 고르게 하자. 또, 아이가 초상화 속 인물에게 직접 질문을 던지도록 하고 인물이 어떤 대답을 할지 가정해보자. 이때 그림 속에서 발견할 수 있는 요소들로만 대답해야 하며, 질문 사이에는 연관성이 있어야 한다. 아래 예시를 보자.

당신 삶에서 어떤 점을 이야기하고 싶나요?

내 삶에 궁금한 점이 있나요?

왜 그 옷을 입었나요?

풀 먹인 높다란 옷깃을 목에 꼭 맞게 둘렀군요. 목이 간지럽지 않나요?

드레스가 허리를 너무 꽉 조이지는 않나요?

저녁에는 뭘 먹나요?

그림에 등장하는 개는 이름이 무엇인가요?

항상 검을 들고 다니는 건가요? 무겁지 않나요?

보석 박힌 장신구에 대해 이야기해줄 수 있나요?


아이와 함께 보기 좋은 전시회를 추천하자면, 아프리카, 인도 등 고대 다른 문화권에서 탄생한 작품 전시회도 좋겠다. 아이가 작품을 보며, 작품이 탄생한 문화와 환경에 얽힌 단서를 찾을 수 있도록 질문하자. '이 시대 사람들은 어떤 종교를 믿었을까?', '이곳에는 어떤 왕들이 있었을까?', '이 물건들은 어디에 썼을까?', '누가 이 물건을 썼을까?', '사람들은 매일 무엇을 했을까?', '이 사물이 유래한 지역에는 어떤 식물, 동물, 지형, 천연자원이 있을까?', '사람들은 어떤 옷을 입고 다녔을까?', '날씨는 어땠을까?' 등 말이다. 이때도 이야기를 지어내는 것이 아닌, 실제로 그림 속에서 발견한 요소를 바탕으로 대답해야 한다.

온 가족이 나서서 같은 요소가 담긴 그림을 모두 찾아내는 일종의 보물찾기를 해봐도 좋다. 천사, 스포츠, 고양이, 개, 신화 속 인물, 괴물 등, 특정 소재를 그린 그림을 찾아보는 것이다. 저마다 가장 마음에 드는 그림을 하나씩 골라 '왜 그 그림이 좋은지' 이야기해보자.

가족 모두 그림 속 인물이나 인물 조각상을 하나씩 정해 15초 동안 작품에 등장한 자세를 따라해 보면 어떨까? 미술관 관람이 더욱 즐거워질 것이다. 작품을 보고 떠오르는 단어를 혼자서, 혹은 다 함께 브레인스토밍 해봐도 좋겠다.

## 미술관에 가기 전 미리 알아둘 것

대형 미술관에서는 홈페이지에 가족 단위 관람객에게 도움이 될 만한 사항을 공지하기도 한다. 자주 언급되는 사항과(여러 미술관 홈페이지에서 발췌했다) 알아두면 좋을 내용을 취합해보았다.

1. 가능하면 주중에 방문하자. 주말보다 방문객이 적다.
2. 미술관 홈페이지에 올라온 지도나 가족용 가이드를 다운받아서 방문 전 숙지하자.
3. 화장실 위치를 파악해두자.
4. 홈페이지에서 일정을 확인해 가족을 위한 특별 프로그램이나 어린이를 위한 워크숍이 있는지 확인하자.
5. 유모차 규정을 확인하자(특별 전시회인 경우 평소와 다른 규정이 적용될 수 있다).
6. 부피가 큰 옷, 배낭, 큰 가방은 모두 물품 보관함에 두자. 미술관에서는 무료 보관 서비스를 제공한다.
7. 모든 작품을 보려 애쓰지 말자. 관람 시간은 1시간이 넘지 않도록, 아이와 이야기를 나누는 작품은 최대 10가지를 넘지 않도록 하자.
8. 미술관 내 카페에 들러 간식을 먹고 기념품점에서 엽서나 기념품을 구매하자.
9. 아이와 함께 미술관 관람 규칙을 다시 살펴보자. 뛰지 않기, 전시

실에서 음식 먹지 않기, 작품에 손대지 않기 등이 있겠다.

10. 미술관 경비원에게 사진 촬영을 해도 되는지 묻자. 플래시 끄는
    방법을 배워두자. 다른 관람객을 배려하자. 기념사진을 찍기 위
    해 작품을 가리지 말자.

11. 작품에 대해 토의해보자.

여기서 꼭 짚고 넘어가야 할 사항이 있다. 중·대형 박물관에는 워낙 광범
위한 소장품이 있기에 무엇을 보러 가든 어김없이 아이와 누드화를 마주하
기 마련이다. 몇 년 전, 런던의 테이트 갤러리Tate Gallery는 '무례한 그림들Rude
Paintings'라는 이름부터 기발한 가족용 투어 상품을 내놓았다. 19~20세기의
아름다운 작품으로 이루어진 이 투어에는 젖가슴을 거의 드러내놓고 아기
예수에게 젖을 먹이는 후기 고딕, 르네상스 시기 성모 마리아 작품 다수가 포
함되어 있었다. 자녀가 은밀한 부위를 훤히 드러낸 그리스 조각상을 가리키
며 낄낄 웃을 때 어떻게 반응하면 좋을까? 미리 생각해두는 것이 좋겠다.

핵심은 전시관 한두 개, 혹은 특정 주제에 집중하는 것이 되겠다. 얼굴, 동
물, 영웅, 이야기 속 주인공, 옷, 모자, 머리 장식, 여신, 색깔, 갑옷, 무기, 꽃,
악기 따위를 집중적으로 살펴보는 것이다. 다른 문화권 작품도 두루두루 볼
수 있는 곳이라면 고대 그리스, 아메리카, 메소포타미아, 인도 등 여러 문명
권 중 어느 한 곳을 정해 둘러보는 것도 좋겠다. 혹은 사진, 조각, 직물, 그림,
벽화, 미니어처, 필사본처럼 한 분야만 관람해도 좋다.

훌륭한 예술 작품을 자주 접한 아이일수록 좋은 그림을 그린다는 연구 결

과가 있다! 이 책 225∼226쪽, 233쪽에 예술 작품에서 영감을 얻은 아이들의 그림이 실려 있다.

마지막으로, 미술관 문을 나서는 동시에 관람도 끝나버리지 않도록 주의하자. 집에 돌아오면 아이에게 미술관에서 무엇이 가장 마음에 들었는지 묻자. 가장 좋았던 작품과 그 이유를 물어도 좋다.

미술관에서는 전시 공간이 부족해, 대부분 보관된 작품 중 극히 일부만을 전시한다. 온 가족이 함께 미술관 홈페이지에서 전시되지 않은 작품 사진을 관람해보자. 특히, 아이가 마음에 든다고 했던 작품을 중점적으로 둘러보는 것이 좋다. 검색 필터를 이용하면 시대는 물론, 화가 이름, 재료, 제작 장소로도 그림을 찾아볼 수 있으며 용, 말, 어린이, 교통수단 같은 주제별, 키워드별 검색을 할 수 있는 곳도 있다. 더불어, 언제 다시 미술관을 방문해 또 다른 전시를 관람할지 계획을 세워보면 어떨까? 다음번에는 다른 미술관에 가보아도 좋겠다.

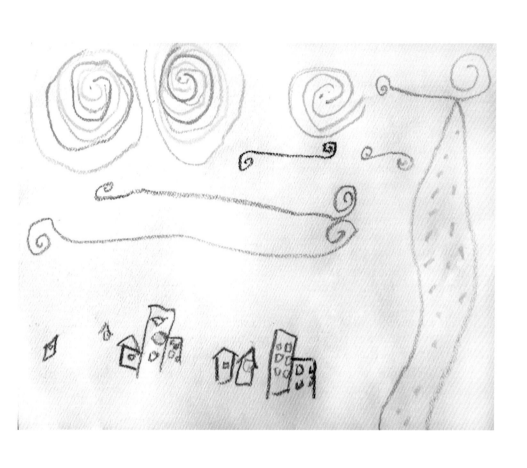

만 6~7세 줄리안의 작품.
반 고흐의 〈별이 빛나는 밤〉에서 영감을 받아 크레용으로 그렸다.

## 전국 주요 미술관 사이트

**서울**
- 갤러리현대 www.galleryhyundai.com
- 국립현대미술관 www.mmca.go.kr
- 대림미술관 www.daelimmuseum.org
- 사비나미술관 www.savinamuseum.com
- 삼성미술관리움 www.leeum.org
- 서울시립미술관 sema.seoul.go.kr
- 석파정서울미술관 seoulmuseum.org
- 소마미술관 soma.kspo.or.kr
- 아라리오갤러리 www.arariogallery.com
- 예술의전당 한가람미술관 www.sac.or.kr

**경기 · 인천**
- 고양아람누리 아람미술관 www.artgy.or.kr/aram/artgallery.aspx
- 경기도미술관 gmoma.ggcf.kr
- 경기도어린이박물관 gcm.ggcf.kr
- 단원미술관 danwon.ansanart.com
- 블루메미술관 www.bmoca.or.kr
- 양평군립미술관 www.ymuseum.org
- 영은미술관 www.youngeunmuseum.org
- 이영미술관 www.icamkorea.org
- 이천시립월전미술관 www.iwoljeon.org
- 인천시립박물관 icmuseum.incheon.go.kr
- 호암미술관 www.hoammuseum.org

**강원도**
- 강릉시립미술관 www.gn.go.kr/mu/index.do
- 뮤지엄 산 www.museumsan.org
- 박수근미술관 www.parksookeun.or.kr
- 이상원미술관 www.lswmuseum.com

## 충청도

- 대전시립미술관 dmma.daejeon.go.kr
- 대전이응노미술관 www.leeungnomuseum.or.kr
- 신미술관 www.shinmuseum.org
- 아주미술관 www.asiamuseum.asia
- 임립미술관 www.limlipmuseum.org

## 경상도

- 경남도립미술관 www.gyeongnam.go.kr/gam/index.gyeong
- 김천시립미술관 gma.gc.go.kr
- 대구미술관 artmuseum.daegu.go.kr
- 부산시립미술관 art.busan.go.kr
- 포항시립미술관 poma.pohang.go.kr

## 전라도

- 광주시립미술관 artmuse.gwangju.go.kr
- 남원시립김병종미술관 nkam.modoo.at
- 남포미술관 www.nampoart.co.kr
- 전북도립미술관 www.jma.go.kr
- 전주미술관 www.jeonjumuseum.com

## 제주도

- 기당미술관 culture.seogwipo.go.kr/gidang
- 본태박물관 www.bontemuseum.com
- 이중섭미술관 culture.seogwipo.go.kr/jslee
- 제주도립미술관 jmoa.jeju.go.kr
- 제주현대미술관 www.jejumuseum.go.kr

## 지역별 전시 안내

- 아트맵 www.art-map.co.kr
- 코리아아트가이드 koreaartguide.com

# 감사의 말 ————————————

예술계, 유아교육계, 인지심리학계, 임상심리학계의 수많은 연구자, 치료사, 저술가가 아니었다면 아동 미술 저서도 세상에 나올 수 없었을 것이다. 무엇보다도 이 책은 1974년에 발간된 빅터 로웬펠드의 《인간을 위한 미술교육》에 큰 빚을 지고 있음을 강조하고 싶다. 이 책은 오늘날까지도 가장 영향력 있는 미술교육 교본으로 자리매김하고 있다. 내가 이런 책을 쓰리라곤 상상조차 하지 못했을 때, 내 전임자로서 메사추세츠 주 우스터 공립학교 미술 주임이었던 오라 J 게티Ora J. Gatti는 이런 엄포를 놓곤 했다. 로웬펠드의 책을 통달하지 못한 미술 교사는 교실에 한 발짝도 들어설 수 없다고. 지금은 고인이 된 그에게 감사를 표한다. 나의 유능한 동료이자 친구인, 뉴턴 공립학교 전 미술 주임이자 메릴랜드 아트 칼리지Maryland Institute College of Art 미술교육과 학과장을 지낸 고故 알 허위츠Al Hurwitz에게도 감사하다. 열정과 재치가 넘쳤던 그는 내게 책을 써보라고 독려하곤 했다.

이런 책에는 글을 뒷받침할 그림이 정말 많이 필요한 법이다. 부모, 교사, 친구, 동료, 옛 제자, 그리고 어릴 적 그림을 제공하고 사용을 허락해준 분들까지, 수많은 사람들의 도움이 있었다.

더불어, 내가 어릴 적부터 그림을 그리도록 계속해서 동기를 부여해준 내

가족에게 고마운 마음을 전한다. 할머니는 내가 학교에서 그려온 그림을 보물처럼 다루곤 하셨다. 숙모는 내 인생의 첫 번째 크레파스(오일파스텔)를 선물해주셨다. 매우 이국적이면서도 전문가용처럼 보였던, 나무 박스에 담긴 일본산 48색 크레파스였다. 숙모는 내게 첫 번째 그림 백과도 사주셨는데, 아주 두껍고 휘황찬란한 그림으로 가득 찬 그 책에서 많은 영감을 받곤 했다.

나만의 작은 '아트 스튜디오'를 마련해주신 어머니도 빼놓을 수 없다. 그 덕에 나는 온갖 색과 재료로 자유로이 실험할 수 있었다. 어머니는 내가 검은색 물감으로 거실에 물방울무늬를 남겨도 전혀 개의치 않으셨다. 오히려 그 무늬를 지워버리면 내 예술성을 해칠까 봐 걱정하곤 하셨다. 어머니는 자주 여러 전시회와 미술관에 데려가주셨으며, 나를 그림 앞에 앉혀놓고 그림 속에서 무슨 일이 일어나고 있는지 물으셨다. 어머니께 감사드린다.

Brittain, W. Lambert, *Creativity, Art, and the Young Child* (New York, 1979)

Burt, Sir C. L., *Mental and Scholastic Tests*, Education Officer's Department, London County Council (London, 1922), available at www.archive.org

Cadwell, Louise Boyd, *Bringing Reggio Emilia Home: An Innovative Approach to Early Childhood Education* (New York, 1997)

Corcoran, A. L., 'Color Usage in Nursery School Painting', *Child Development*, xxv/2 (June 1954), pp. 107–13

Cox, Maureen, *Children's Drawings* (London, 1992)

Edwards, Betty, *Drawing on the Right Side of the Brain*, revd edn (Los Angeles, CA, 1989)

Furth, Gregg M., *The Secret World of Drawings: A Jungian Approach to Healing through Art* (Toronto, 2002)

Gardner, Howard, *Art, Mind, and Brain: A Cognitive Approach to Creativity* (New York, 1982)

——, *Artful Scribbles: The Significance of Children's Drawings* (New York, 1980)

Goodenough, F. L., *Measurement of Intelligence by Drawings*, Measurement and Adjustment Series, ed. L. Terman (Chicago, IL, 1926)

Hurwitz, A., 'Al Hurwitz Art Education Timeline Project', ed. Judith M. Burton and Adrienne D'Angelo, Program in Art and Art Education, Teachers College, Columbia University, 2014, http://hurwitz.tc.columbia.edu

Kellogg, Rhoda, *Analyzing Children's Art* [1969] (Brattleboro, VT, 2015)

——, and Scott O'Dell, *The Psychology of Children's Art* (New York, 1967)

Lowenfeld, Viktor, *Your Child and his Art: A Guide for Parents* (New York, 1954)

——, and W. Lambert Brittain, *Creative and Mental Growth*, 8th edn (Upper Saddle River, NJ, 1987)

Malchiodi, Cathy A., *Understanding Children's Drawings* (New York, 1998)

Pelo, Ann, *The Language of Art: Inquiry-based Studio Practices in Early Childhood Settings* (St Paul, MN, 2007)

Piaget, Jean, *Judgment and Reasoning in the Child* (Patterson, NJ, 1959)

——, and B. Inhelder, *The Child's Conception of Space* (New York, 1967)

Room 241, 'Art and Schools: Is Art Losing its Foothold in Elementary Schools?', Concordia University, https://education.cu-portland.edu/blog, 31 January 2013

Striker, Susan, *Young at Art: Teaching Toddlers Self-expression, Problemsolving Skills, and an Appreciation for Art* (New York, 2001)

Varnedoe, K., 'Your Kid Could Not Do This, and Other Reflections on Cy Twombly', *MOMA Bulletin*, 18 (Autumn–Winter 1994), pp. 18–23

Walker, Tim, 'The Testing Obsession and the Disappearing Curriculum', *NEA Today*, www.neatoday.org, 2 September 2014

# 아이들은 왜 그림을 그릴까

그림으로 읽는 아이들 세계

1판 1쇄 2019년 4월 30일

지은이 메릴린 JS 굿맨
옮긴이 정세운

펴낸이 류종필
편집 장이린
마케팅 김연일, 김유리
디자인 석운디자인

펴낸곳  (주) 도서출판 책과함께
주소  (04022) 서울시 마포구 동교로 70 소와소빌딩 2층
전화  (02) 335-1982
팩스  (02) 335-1316
전자우편  prpub@hanmail.net
블로그  blog.naver.com/prpub
등록  2003년 4월 3일 제25100-2003-392호

ISBN 979-11-88990-34-4  03180

이 도서의 국립중앙도서관 출판예정도서목록(CIP)은
서지정보유통지원시스템 홈페이지(http://seoji.nl.go.kr)와
국가자료공동목록시스템(http://www.nl.go.kr/kolisnet)에서 이용하실 수 있습니다.
(CIP제어번호 : CIP2019014775)